KB089187

공무원 때려치우고
상가주택 건축주가 되었습니다

공무원 때려치우고 상가주택 건축주가 되었습니다

**월급보다 월세 수입
아파트보다 내 건물**

소니도로(김유성)

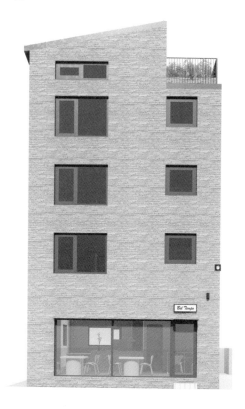

두드림미디어

5급 공무원을 그만두었습니다

2021년 7월 1일자로 직장을 그만두었습니다. 그것도 평생직장이라는 공무원을 10년을 조금 못 채우고 그만두었어요. 10년 채우면 연금이 나오는데 저에게는 연금보다 더 중요한 게 있었기 때문입니다. 저는 2010년 행정고시에 합격해 5급 행정사무관으로 근무했습니다. 일반 행정직 공무원이었기에 2년마다 부서를 옮겨가며 정말 많은 사람들을 만나고 다양한 경험을 쌓았습니다.

제가 공무원을, 그것도 행정고시라는 어려운 시험에 합격해서 들어간 5급 공무원을 10년도 못 채우고 퇴직한 데는 여러 가지 이유가 있습니다. 이러저러한 이유를 대더라도 아무래도 가장 큰 이유는 일이 적성에 맞지 않아서겠지만요.

암 수술 후 삶의 방향성이 바뀌었습니다. 저는 2017년에 갑상샘암 수술을 했습니다. 결혼 직전 "요즘은 결혼 전에 다 하는 거래" 하면서 받았던 건강검진에서 '뭔가 이상이 있을 거야'라고 생각했던 남편은 멀쩡하고, 멀쩡해 보였던 제가 갑상샘암 판정을 받은 거죠. 누구는 갑상샘암은 암도 아니라고 하지만, 그래도 당사자에게는 큰 사건입니다.

'평소에 스트레스를 많이 받는 성격이라서 암에 걸린 걸까? 내가 무슨 부귀영

화를 누리려고 야근에, 주말 출근까지 해야 하는 걸까? 이렇게 스트레스를 받으며 종일 일하는 것보다 인생 행복하게 사는 게 더 중요한 거 아닐까?'라는 생각이 들더군요.

휴직하기 바로 전, 삶이 전혀 행복하지 않았습니다. 아직도 공무원이 편한 직업이라고 생각하는 분들이 계실지 모르겠으나, 실제로 중앙부처나 시청에서 일하는 공무원들은 야근도 많고 주말 근무도 많습니다. 저 또한 새벽 퇴근과 주말 출근도 많이 하며 보고서와 발표 자료를 수십 번 고치기도 했습니다. 당시 분명 남편과의 결혼생활이 너무나도 행복하고 만족스러웠는데도, 가정생활의 만족으로 직장생활의 불만족을 상쇄할 수가 없더군요. 아침마다 도살장에 끌려가는 기분이 들었기에 승진을 앞둔 주무팀장이었지만 휴직을 결심하게 되었습니다. 그 시점에 휴직을 한다는 건 사실상 승진 포기에 가까웠죠.

또한 늦은 나이에 결혼한지라 난임 클리닉을 다니고 있었는데, 회사를 다니면서 병원을 다니고 시술하는 것은 거의 불가능에 가까웠습니다. 회사에서는 매일 일정한 시간에 맞춰 자가 주사를 맞기도 힘들고, 이식 후 안정을 취해야 함에도 상사가 눈앞에서 뛰면 같이 뛰어야 했으니까요.

이런 이유로 우선 휴직을 하게 되었습니다. 그렇게 휴직을 3년이나 했음에도 여전히 난임 클리닉에 다니고 있었습니다. 여하튼 저는 아이 갖는 걸 포기하지 않았고, 저의 정신적 행복이 중요하기에 2021년 7월 1일자로 퇴직했습니다. 휴직하고 비록 수입은 급격히 줄었지만 하루하루 행복했고, 퇴직한 지금도 하루하루가 정말 행복합니다.

퇴직하면서 '상가주택 신축'과 '블로그 글쓰기'를 시작했습니다. 건축을 전공하지도 않았고, 잘 알지도 못하지만 예쁜 건축물에 관심이 많아서 "건축가를 소개시켜달라"고 해서 지금의 남편을 만났을 정도입니다. 또한 저는 일반 행정직 공무원이었기에 했던 일이 건축과 직접적으로 관련된 것은 아니었지만, 생각해보니 건축주 역할을 많이 했더라고요. 돔 야구장도 지었고, 교육시설 리모델링도 했으니까요.

그래서 퇴직을 준비하면서부터 자연스럽게 상가주택을 신축해보면 어떨까 하는 생각을 갖게 되었습니다. 정부 정책으로 부동산 투자가 쉽지 않은 상황에서 사업자로서 수익형 주택을 신축하는 것은 좋은 재테크 수단이 될 것 같았습니다. 물론 신축을 해보고 싶은 제 꿈도 이루고요.

상가주택을 신축하는 모든 과정은 블로그에 자세히 남겼습니다. 블로그에 글을 쓰기 시작한 이유는 '나'라는 사람을 블로그를 통해 브랜딩하고 싶었기 때문입니다. 블로그에 꾸준히 글을 쓰다 보니 여러 가지 좋은 기회가 찾아오더라고요. 신축을 하는 많은 사람들과 댓글을 통해 소통하게 되었고, 책까지 내게 되었습니다.

이 책은 건축가나 시공 전문가의 책이 아닙니다. 일반 건축주 입장에서 처음 상가주택을 신축해보며 부딪혔던 모든 상황과 공부했던 것들에 대해 꼼꼼하게 기록했습니다. 특히 건축주가 신경 쓰면 한 끗 달라질 수 있는 것들에 대해 서술했습니다. 각종 규정은 서울시 기준으로 다른 시도나 자치구는 규정이 다를 수도 있습니다. 해당 지역의 조례나 규정을 꼭 확인해주시길 바랍니다.

공무원 그만두고 상가주택 신축한 이야기, 시작해보겠습니다.

소니도로(김유성)

목차

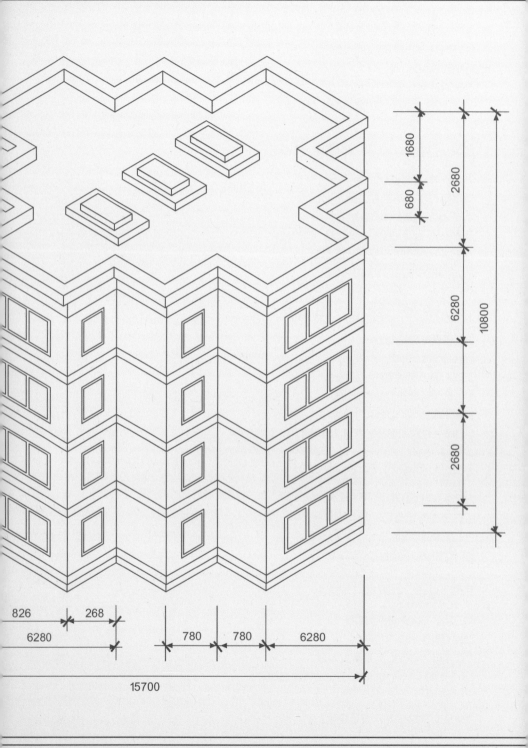

1680

680

2680

6280

10800

2680

826

268

6280

780

780

6280

15700

1장.

평범한 내가
상가주택을 짓게 된 이유

왜 아파트가 아닌
상가주택이었을까

　직장에 다닐 때는 투자를 적극적으로 하지 못했습니다. 일이 너무 많아서 퇴근하면 그냥 쉬고만 싶었어요. 부동산에 관한 책들을 읽고 인터넷 카페를 보는 정도였고, 주식과 펀드를 조금 하는 정도였습니다. 제가 본격적으로 부동산과 투자에 관심을 쏟은 것은 휴직한 후입니다. 아무래도 절대적으로 시간 여유가 있으니 유명한 부동산 강의도 많이 듣게 되었죠.

　실거주할 집을 사고, 약간의 투자를 하고 나니, 갈수록 부동산 규제가 너무 강해지더라고요. 그런데 규제가 새롭게 나올 때마다 그걸 피해가며 틈새로 요리조리 투자를 하는 것은 게으른 제 성격에 맞지 않았습니다. 이를테면 중과지역을 피해 분양권 투자를 하러 왕복 몇 백 킬로미터를 왔다 갔다 하는 것은 너무 피곤하고 허리도 아프더라고요. 공시지가 1억 원 이하의 물건을 찾아 소규모 지방 투자를 해볼까 하니 생각만 해도 지칠 것 같았어요. 이런 투자가 언제 또 막힐지 알 수 없기도 하고요. 그래서 선택한 것이 수익형 주택 신축입니다.

규제의 영향을 덜 받는다

상가주택을 짓기로 한 첫 번째 이유는 규제를 벗어난 부동산 투자를 하기 위해서입니다. 규제를 벗어난다고 하면 솔깃하시죠? 엄밀히 말하면, 이것도 주택이기 때문에 부동산 규제가 없을 수는 없지만, 주택을 신축하고 판매하는 것은 '사업'으로 보기 때문에 보통의 부동산 투자보다는 규제가 약합니다. 주택을 사업상 재고자산으로 보는 것이죠.

우선 '주택신축판매업' 사업자를 내면 다주택자도 구옥 취득 시 취득세 중과를 받지 않습니다. 일정 기간 내에 팔면 그전까지 종부세도 부과되지 않습니다. 이 기간 동안은 주택 수에도 포함되지 않습니다.

만약 팔지 않고 가져간다면 '건설임대사업자'를 내면 됩니다. 건설임대사업자를 내면 10년 동안 팔 수 없지만, 그 기간 동안 종부세 합산 배제가 가능합니다. 재산세 감면, 양도소득세 중과 배제 혜택도 있습니다. 이처럼 수익형 주택 신축은 부동산 투자에 있어 걸림돌이 되는 취득세, 보유세, 양도세에 대한 혜택을 받을 수 있기에 매력적인 투자 분야가 아닐 수 없습니다.

경쟁이 적은 분야다

두 번째 이유는 아무나 접근할 수 없는 분야이기 때문입니다. 소규모 수익형 주택의 신축은 최소한의 공부가 필요합니다. 신축하기 좋은 땅을 보는 눈이 필요하고, 수익성을 분석할 수 있어야 합니다. 대출 프로세스도 알아야 하고, 건축 기간 내내 많은 결정을 해야 합니다. 이런 현실적 진입장벽 없이 접근하기가 쉬워서 아무나 접근할 수 있다면 이 또한 과열이 되고, 과열이 되면 규제가 생기게 되겠지요?

공부를 하다 보면 내가 건축사도 아닌데 왜 이런 공부를 하고 있나 싶을 때도 있지만, 확실히 관련 공부를 해놓으면 보는 눈이 생깁니다. 하나라도 알아야 좋은 땅을 고를 수 있고, 매도인과 유리하게 협상하고, 설계해주는 건축사에게 더 효율적으로 설계해달라고 말하고, 시공해주는 시공사와도 유리하게 대화할 수 있겠지요. 땅을 볼 줄 알면 "이 땅은 도로가 4m가 안 돼서 건축선 후퇴가 되는 불리한 땅이네요. 깎아주세요"라고 매도자와 협상할 수 있습니다. '이 땅은 북도로에 접해서 일조사선 제한을 덜 받아 수익이 더 많이 나겠구나'라고 수익성 분석도 할 수 있습니다.

남이 골라주는 땅이더라도 어떤 땅이 더 좋은 땅인지 고르는 공부가 선행되어 있어야 남은 땅 처리반이 되지 않고 좋은 땅을 고를 수 있습니다. 땅을 매입하고 나서 건축가가 잘못 산정한 주차 대수에 대해 "규정에 의하면 주차 대수가 3대가 아니고 2대인 것 같은데요?" 하고 한마디 간섭할 수도 있고요(두 번이나 경험했습니다). "건축면적 산정에서 제외되는 장애인용 엘리베이터로 넣어주세요"라고 주문할 수도 있습니다.

물론 공부를 하지 않아도 주택을 신축할 수는 있습니다. 부동산이나 업체가 주는 땅을 받아서, 누군가가 정해주는 시공사에서 지어주는 대로 지으면 됩니다. 신경 쓸 일도 없고 비용도 더 저렴할 수도 있습니다. 그러나 내가 하나하나 신경 써서 지은 건물과 신경 안 쓰고 지어진 건물은 분명 차이가 있을 것입니다.

새로운 사업 수단이 된다

저는 퇴직을 했기에 이번 상가주택 신축이 새로운 사업 수단이 될 수 있겠다고 생각했습니다. 남편은 이탈리아 건축사로, 한국에서 건축사사무소를 하지는 않고 있지만 건축가는 평생 직업이기에 남편 직업과의 시너지도 좋겠다는 생각이 들었습니다. 마침 남편 이름으로 법인을 만들어놓은 것도 있어서 이번 신축을 포트폴리오로 해서 추후 계속 사업으로 지어갈 수 있겠다는 생각도 들었습니다.

신축의 목적을
분명히 하자

　본격적으로 신축 준비를 하기 전에 신축을 하려는 목적을 분명히 해야 한다고 생각했습니다. "내가 왜 상가주택을 신축하려는 걸까?"라는 질문에 대한 답을 따라가면 자연스럽게 어떤 종류의 집을 지어야 하는지 결정할 수 있습니다. 땅을 구하기 전에 신축의 목적을 적어보았습니다.

" 상가주택 신축을 하려는 이유 "
건물을 지어 판매해 시세차익을 남긴다.
계속 사업으로 할 수 있는 기반을 만든다.

" 내 신축의 콘셉트 "
수익형 주택이지만 집 장사하려는 집은 싫다.
집 장사하는 집과는 한 곳 다른 집을 짓자.

매도할까? 소유할까?

신축을 지어서 임대를 주며 임대료를 받을 것인지, 팔아서 차익을 벌 것인지 그 목적을 잘 생각해봐야 합니다. 임대를 주는 경우에도 자신이 직접 살면서 임대를 줄 것인지, 전부 다 임대를 주는 임대용 건물로 지을 것인지 생각해야 합니다. 그에 따라서 주택의 전체 형태가 달라질 테니까요. 또한 자신이 직접 살면서 일부 임대를 줄 거라면, 땅값이 싼 지역이 아닌 자신이 살고 싶은 지역을 골라야 하겠죠.

무주택자는 수익형 주택을 지어 내 집 마련과 함께 월세 받는 건물주가 될 수 있습니다. 1주택자는 갈아타기를 통해 주거도 하고 임대료도 나오는 주택의 건물주가 될 수 있습니다. 다주택자라면 주택신축판매업 등을 통해 주택 수에는 포함 안 되고, 다주택자 취득세 중과 없이 집을 지어 팔 수도 있습니다.

제 경우 처음부터 상가주택을 신축해 '매도'하는 것이 목적이었습니다. 저는 이미 강남의 요지에 오래된 다가구주택을 임대사업자로 보유하고 있습니다. 그 물건은 팔지 않고 가져갈 생각이기에 실거주 아파트를 제외한 다른 주택인 이번 신축 건물은 매도해 시세 차익을 누리기로 마음먹었습니다.

엑시트 전략을 짜두고 시작하자

모든 건물이 마찬가지지만, 수익형 주택도 오래될수록 가격이 떨어지고 나중에는 결국 땅값만 남게 됩니다. 매도할 생각이 있다면 가격이 떨어지기 전에 신축일 때(5년 이내) 파는 게 좋습니다.

건설임대를 할 생각이라면 매도가 가능해지는 10년 후 어찌할지도 생각해보는 게 좋습니다. 10년 후에는 신축의 메리트가 없어지고 건물의 노후가 시작되기 때문에 10년 후에도 팔릴 만한 건물을 지어야 합니다. 즉, 지어서 바로 팔 건물보다 더 튼튼하고 예쁘게 잘 지어야 한다고 생각합니다.

어디에 지을까

어느 지역에 땅을 사야 할지 결정하기 위해서는 이 땅이 좋은 땅인지를 볼 수 있어야 합니다. 그러기 위해서는 그 땅이 속한 지역에 대한 입지 분석을 해야 하고, 그 땅이 좋은 땅인지에 대한 토지 분석도 해야 합니다. 또한 신축을 했을 때 수익이 나는가 하는 수익성 분석까지 하면 이 땅을 사야 하는지 말아야 하는지 결정할 수 있습니다.

관심 지역을 좁혀 후보지를 추리다

저는 서울에 살고 있고, 체력과 성격상 원거리 투자를 선호하지 않아서 탐색 지역을 서울로 한정했습니다. 지방의 경우 토지를 저렴하게 매입할 수 있지만 토지비 상승은 적은 반면, 서울은 토지가 비싸지만 토지비 상승도 노려볼 수 있습니다.

서울 전역을 다 돌아다닐 수는 없으니 관심 지역을 먼저 정했습니다. 관심 지역을 정하는 기준에는 일반적 기준과 개인적 기준이 있는데요. 일반적 기준은 흔히 말하는 '좋은 입지'를 뜻합니다. 크게는 주요 업무지역까지의 통근이 편리한지, 호재가 있는지를 살펴보고, 세부적으로는 집 근처 대중교통 이용이 편리한지, 편의시설이 잘되어 있는지 등이 판단 기준이 될 수 있습니다. 추가적으로 수익형 주택의 경우 대학생, 회사원의 임대수요가 풍부한 지역을 관심에 두면 좋습니다.

개인적 기준은 그야말로 '내가 원하는 곳'을 뜻합니다. 내가 직접 살 계획이라면 내가 살고 싶은 지역인지, 내 직장과 가까운지를 따져봐야 하고, 임대 놓을 곳이라면 내가 왔다 갔다 하며 관리하기 편한 지역인지 등도 판단 기준이 될 수 있습니다.

후보① : 은평구 갈현동 · 대조동 · 구산동 · 역촌동

갈현동, 대조동을 끼고 있는 연신내역은 3호선으로는 종로3가(광화문, 시청)와 교대(강남)를, 6호선으로는 상암 디지털미디어시티라는 업무지역을 지나갑니다. 그리고 GTX-A라는 대형 호재가 있는 곳입니다. 지금도 땅값이 많이 오르긴 했지만, 앞으로도 오를 곳이고 주변 환경도 계속 좋아질 곳이라고 생각했습니다. 또한 저는 은평구에 살고 있기 때문에 이 지역이 매우 가까워서 자주 가보기 편한 곳이기도 합니다. 그래서 이 지역에 가장 많이 임장을 갔습니다.

후보② : 은평구 응암동 · 신사동 · 증산동

이 지역은 응암역, 새절역, 증산역 6호선 라인으로 상암 디지털미디어시티로의 출퇴근이 매우 가까운 곳입니다. 또한 새절역은 서부선, 고양선 호재가 있기도 합니다. 봄에는 예쁜 벚꽃이 피고 산책하기 좋은 불광천도 있습니다. 근래 이 불광천을 따라 예쁜 카페와 맛집들이 속속 들어오고 있기도 합니다. 이곳들 또한 저희 집에서 가까워서 여러 번 임장을 간 곳입니다.

공릉동은 마지막까지도 땅을 사려고 여러 번 가봤던 후보지였습니다. 7호선 강남구청으로 출퇴근이 가능하고, 서측으로는 동부간선도로 지하화와 광운대역 개발 호재가, 동측으로는 경춘선 숲길 개발로 상업 지역화가 빠르게 이루어지고 있었기 때문입니다. 주변에 대학 3곳, 대형병원 1곳이 있어 임차수요도 매우 풍부했습니다.

후보④ : 동작구 상도동 · 신대방동

상도동, 신대방동은 7호선 라인으로 강남구청 출퇴근이 용이합니다. 역 주변으로 상업지가 잘 형성되어 있어 살기 매우 편리해 보였습니다. 매매가가 아직 많이 높지 않은 것에 비해 임대수요가 풍부하고, 임대료는 높게 받을 수 있는 지역입니다. 이곳은 정말 마음에 드는 매물을 두 번이나 망설이다 놓쳤던 경험이 있습니다.

후보⑤ : 마포구 망원동 · 서교동 · 연희동 · 연남동

마포는 2호선으로 시청역, 6호선으로 상암 디지털미디어시티 출퇴근이 용이합니다. 사실 이곳은 그 자체로 발달한 상업지역이라서 개인적으로 마음에 드는 곳이었습니다. 상업지역이지만 조금만 들어가도 조용한 주택가가 있는 것도 마음에 들었습니다. 다만 이미 평단가가 너무 비싸서 원하는 크기의 땅을 제 예산 내에서 구하기 어려웠습니다.

그 외에 강동구 길동, 둔촌동, 성내동은 둔촌주공이 재건축되면 좋을 것 같아서, 구로구 신도림동, 영등포동은 준주거 지역이라서 등등 한 두가지의 좋은 이유가 있으면 찾아가 둘러보았습니다.

지역을 분석할 때는 이런 조건을 보자

저는 관심 지역들을 여러 번 둘러보던 중 은평구 신사동의 매물을 발견하고 입지 분석을 해보았습니다.

주요 업무지구와의 통근 거리

이 매물은 6호선 새절역 근처에 위치하고 있습니다. 네이버지도 대중교통 길찾기로 큰 업무지구인 시청역, 광화문역, 여의도역까지 지하철로 28분 정도 걸립니다. 서울 내 통근시간으로는 많이 걸린다고 볼 수 없지만, 갈아타야 하기 때문에 통근이 불편합니다. 세입자 입장에서는 직장까지 군이 갈아타고 가야 하는 곳에 임대를 얻을 이유가 없습니다.

광화문, 여의도보다 작은 규모지만, 새절역 가까운 곳에 상암 디지털미디어시티라는 업무지구가 있습니다. 새절역에서 디지털미디어시티역까지는 2개 역, 3분이면 갈 수 있습니다. 따라서 새절역은 디지털미디어시티로 출근하는 직장인에게 최적인 입지라고 생각했습니다.

새절역에서 주요 업무지구까지의 통근 시간

[시청역]

[광화문역]

[여의도역]

[디지털미디어
시티역]

호재 유무

새절역은 서부선, 고양선이 신설될 예정입니다. 서부선이 신설되면 새절역에서 명지대, 연세대, 서울대를 한 번에 갈 수 있고, 무엇보다도 업무지구인 여의도를 한 번에 갈 수 있습니다. 서부선 착공 시 땅값 상승이 예상되고, 개통이 되면 획기적으로 교통이 좋아질 곳입니다.

기타 요소

이 매물은 역에서 2분 거리(146m) 초역세권에 있어서 대중교통을 이용하기 편리합니다. 또한 뒤로는 신사근린공원이 앞으로는 불광천이 있어 자연환경도 우수합니다. 초등학교가 2분 거리에 있고 대형마트가 1.5km 거리에 있어 살기도 편리하다고 생각했습니다.

무엇을 지을까

우리가 흔히 말하는 상가주택은 법정 용어는 아니고, 상가와 주택이 합쳐진 형태의 건물을 통칭해 상가주택이라고 합니다. 따라서 건물에 상가가 있고, 종류를 불문하고 주택이 있다면 상가주택이라고 칭할 수 있습니다.

상가와 주택이 합쳐진 형태기 때문에 주택 부분이 어떤 형태인지에 따라 적용되는 규정이 조금씩 다릅니다. 따라서 우선 주택에 해당하는 부분인 다중주택, 다가구주택, 다세대주택이 어떻게 다른지 알아야 내가 뭘 지어야 할지 판단해볼 수 있습니다.

다중주택

다중주택은 단독주택에 해당하며, 주택 부분 바닥 면적의 합계가 660㎡ 이하입니다. 다중주택은 또 주택으로 쓰는 층수(지하층 제외)가 3개 층 이하면서 독립된 취사시설을 설치하지 않아야 합니다. 2021년 상반기까지는 다중주택 바닥 면적의 합계가 330㎡였습니다. 그래서 현재 지어진 다중주택은 거의 30~40평 정도의 작은 땅에 지어져 있습니다.

실제로 많이 보이는 전형적인 다중주택은 비교적 작은 땅에(30~50평 미만) 반지하 1층에 지상 3층(+다락)으로 이루어져 있습니다. 엘리베이터가 없는 경우도 많이 있습니다. 요즘에는 1층을 근생상가로 하고 2~4층을 주택으로 하는 근생 다중주택도 나오고 있습니다.

다중주택은 작은 토지에 짓기 때문에 매매가격이 싼 편입니다. 따라서 규모가 큰 건물보다 매도하기가 좀 수월합니다. 또한 주차 대수가 적어 건물을 꼭꼭 채워 지을 수 있기 때문에 수익률이 가장 높습니다.

그러나, 방을 작게 많이 구성하기 때문에 평당 건축비가 높은 편이고, 취사시설의 확보가 어려운 점이 있습니다. 또한 단독주택으로 보기 때문에 매수인이 전체 주택 가격에 대해 부가가치세를 내야 하는 등 세금과 관련해 불리한 측면이 존재하기도 합니다.

다가구주택

다가구주택도 단독주택에 해당하며, 주택으로 쓰는 층수가 3개 층 이하이고, 주택으로 쓰이는 바닥 면적의 합계가 660㎡ 이하인 주택입니다. 19세대 이하로만 지을 수 있습니다.

지나가다 보면 단독주택 같지만 1층과 2층을 잇는 계단이 외부로 나 있는 경우를 볼 수 있는데요, 이 경우는 대부분 다가구주택으로 볼 수 있습니다. 다가구주택은 단독주택이므로 통으로 팔아야 하고, 다중주택에 비해 주차를 많이 넣어야 합니다. 그렇게 때문에 근래 지어진 다가구주택은 1층이 필로티로 되어 있는 경우가 많습니다.

다세대주택

다세대주택은 공동주택에 해당하며, 주택 부분 바닥 면적 합계가 660㎡ 이하고, 층수가 4개 층 이하인 주택입니다. 보통 땅 면적이 60평 이상이고 주택 부분이 4개 층이라면 다세대주택으로 볼 수 있습니다. 다세대주택은 호수별로 개별 등기가 되어 있다는 점이 다중주택, 다가구주택과 다릅니다. 한 명의 주인이 다세대 전부를 소유하고 있는 경우도 있지만, 분양을 하면 호수별로 소유주가 달라집니다.

다중주택이나 다가구주택이 3개 층을 주택으로 할 수 있는 것과 달리 다세대주택은 4개 층을 주택으로 할 수 있는 장점이 있습니다. 그러나 그만큼 주차도 더 확보해야 합니다. 다세대주택의 1층이 거의 다 필로티로 주차장인 것을 많이 보셨죠? 다중주택이나 다가구주택에 비해 큰 토지에 지어야 수익이 확보되기 때문에 큰 땅을 살 수 있는 돈이 필요합니다.

어떤 상가주택을 지을까

앞에서 봤듯이 주택 부분은 면적과 층 수 제한이 있는데 보통 주택 부분만으로 용적률이 다 차지 않는 경우가 많아 추가로 상가를 넣어 상가주택을 짓습니다. 이때 상가주택의 주택 부분을 어떤 종류로 지어야 할지 고민하게 됩니다.

땅이 작은 경우(30~40평), 예산이 적은 경우, 수익성이 가장 중요한 경우에는 다중주택을 지을 수 있습니다. 다만 실질적으로 다중주택 허가를 내주지 않는 지자체도 있으니 결정 전에 알아보시길 바랍니다. 땅은 작지만 다중주택이 불가능한 지역, 주인이 직접 살면서 임대를 주는 경우는 다가구주택을 많이 짓습니다. 땅이 큰 경우(60평 이상), 예산이 많은 경우 다세대주택을 지을 수 있습니다.

인기 있는 지역은 선분양으로 건축비를 충당해 짓기도 합니다.

저는 현재 아파트에 실거주를 하고 있고, 신축할 상가주택에 직접 거주할 생각은 없었습니다. 물론 나중에는 상가주택을 지어 직접 살고 싶은 마음도 있지만, 지금은 부동산 투자의 한 방법으로 관심 있었던 건물 신축을 해보고 싶은 이유가 더 크기 때문입니다. 그렇다면 제 경우는 거주가 아니라 판매를 목적으로 상가주택을 지어야겠지요. 판매를 목적으로 한다면 매수자가 매력적으로 느낄 만한 수익률이 나오는 것이 중요하다고 생각됩니다.

그리고 이 상가주택을 사는 사람은 무주택자이거나 1주택자인데 갈아타기로 여기서 살면서 임대를 하고 싶은 사람일 수도 있으니 주인 집을 넣어서 지어야겠다고 생각했습니다. 또한 돈이 많지 않았기 때문에 비교적 작은 땅을 구하고 싶었습니다. 그래서 저는 1층은 상가, 2~4층은 다중주택인 상가주택을 짓기로 결정했습니다.

실전 건축
나의 상가주택 신축 타임라인

　토지 계약을 4월 말에 했고 7월 초에 잔금을 치렀습니다. 잔금 때 대출 실행을 위해 건축허가 접수증과 주택신축판매업 사업자 등록증이 필요했기에 토지 계약 후 바로 설계를 시작해 7월 초 잔금 전에 건축허가를 접수했습니다. 주택신축판매업 사업자도 신청했고요.

　7월 초 잔금을 치르며 동시에 토지 대출을 실행했습니다. 건축허가를 접수하면서 나온 도면으로 시공사를 탐색하고 견적을 의뢰했습니다. 7월 말쯤 건축허가가 나왔고 8월 초 시공사를 결정해 계약했습니다. 시공사 계약 후 보통 바로 철거와 시공에 들어가지만, 제 경우 지하를 삭제하는 건축허가 변경 이슈가 있어 바로 하지 못하고 8월 한 달은 건축허가 변경을 하며 지나갔습니다.

　9~10월 초에는 착공 전 사전 절차와 구옥 해체(철거)를 했습니다. 구체적으로는 해체감리 계약, 경계측량, 건축감리 신청을 하고, 구옥을 해체했습니다. 토지만 남은 상태에서 문화재지표조사, 지질조사, 지표조사 후 착공 신고와 멸실 등기를 했습니다.

　10월 중순에 착공해 다음 해 1월 초에 골조를 완료하고 2, 3월에 인테리어와 외장재 시공을 완료했습니다. 4월 말에 마무리 작업 및 사용승인 신청을 해 5월 초에 사용승인이 되었습니다.

시공 기간만 봤을 때는 6개월 반 정도 걸렸는데, 겨울에 골조를 하느라 시간이 조금 더 걸리긴 했지만, 46평 땅의 4층 건물 신축에 걸린 기간으로는 적당했던 것 같습니다. 다만 저는 시공 전에 건축허가변경을 하느라 시간을 많이 지체했는데, 그러는 동안에도 대출 이자는 나가기 때문에 건축허가 후 바로 시공에 들어갈 수 있게 미리 잘 계획하는 것이 좋습니다.

4월 ● 토지계약
5월 ● 설계 시작
6월 ● 주택신축판매업 사업자등록
　　　토지 대출 자서
　　　건축허가 접수
7월 ● 토지 잔금
　　　토지 대출 실행
　　　시공사 탐색 및 견적 의뢰
　　　건축허가 승인
8월 ● 시공사 계약
　　　설계변경 접수(지하 삭제)
9월 ● 해체감리 계약
　　　경계측량
　　　설계변경 허가 완료
　　　구옥 철거
　　　건축감리 계약
10월 ● 착공서류 접수
　　　멸실등기
　　　시공 시작

다음 해
1월 ● 골조 완료
　　　인테리어 계획
2월 ● 인테리어 시공
3월 ● 외장재 시공
　　　비계 해체
4월 ● 인테리어 완료
　　　주차장 공사 및 인입
　　　사용 승인 신청 및 특검
5월 ● 임대 준비
　　　사용 승인

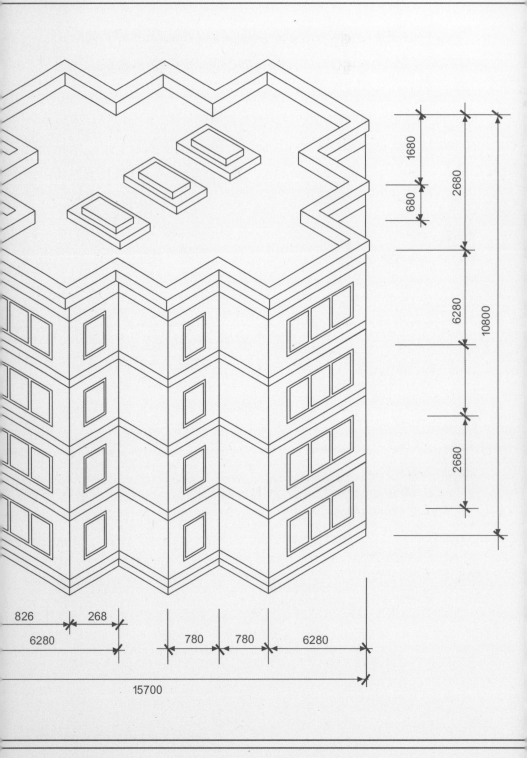

2장.

좋은 땅을
찾아내는 방법

입지 좋은 곳을 찾아
2년간 방황하다

막연히 '신축을 해보고 싶다'라는 생각을 한 건 2년 전쯤이었습니다. 그때부터 틈만 나면 땅을 보러 서울 전역을 돌아다녔습니다. 남들은 아파트 임장을 가는데, 저는 오래된 단독·다가구주택 임장을 다녔어요. 구옥을 사야 허물고 신축을 할 수 있으니까요.

임장이라고 하면 거창한 것 같지만, 그냥 놀러 가는 거나 다름이 없었습니다. 휴직하고 혼자 집에 있었기 때문에 산책 겸 운동으로 여기저기 혼자 다녔지요. 주말에는 남편이 "어디 놀러 갈까?" 하면 "그럼 여의도 한강 놀러 갔다가 동작구에 매물 나온 거 보러가자"고 할 정도였어요. 정말 마음에 드는 매물이 있으면 주변 부동산에 들르기도 했지만, 꼭 부동산에 들르지 않더라도 동네 구경을 여기저기 다녔더니 이제는 어느 동네 하면 '아 거기!' 하고 웬만한 곳은 머리에 그려지는 정도입니다.

손품 팔아 사전 조사하는 법

산책도 좋고, 데이트도 좋지만 그렇다고 무작정 아무 데나 목적 없이 갈 수는 없겠죠? 먼저 손품으로 사전조사를 해야 임장을 가서도 더 소득이 있을 테니까요. 저는 이 손품이라는 걸 몇 개월 동안 눈 빠지게 하면서 네이버지도를 보며 서울 전역을 다 돌아다녔더니 나중에는 지도만 봐도 멀미가 날 것 같더라고요.

다음 지도에서 분홍색으로 표시된 곳이 제가 손품 또는 발품 팔며 체크해놓았던 구옥 매물들의 위치입니다. 은평구, 서대문구, 마포구, 동작구, 노원구는 진짜 여러 번 갔어요. 이렇게 온 서울을 누리다 보니 손품, 발품 파는 노하우도 쌓였습니다.

매물지도 예시

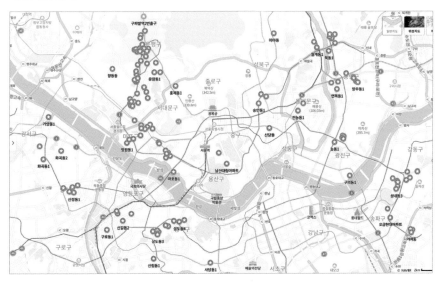

출처 : 네이버지도

손품에 필요한 것은 네이버부동산과 네이버지도입니다. 우선 네이버부동산의 '매물' 탭을 누르고, 검색창에 원하는 지역을 넣습니다. 저는 '은평구'를 넣어봤어요. 그러면 '아파트·오피스텔' 탭이 기본적으로 선택될 텐데 이 탭을 '빌라•주택'으로 바꿔줍니다. 하부 탭에서 '단독/다가구, 상가주택, 한옥주택'을 선택합니다. '빌라/연립'은 통매매가 아니고 한 세대씩만 파는 물건이라 체크에서 빼야 합니다. 거래방식은 '매매', 가격대는 자신이 가능한 금액대 이하로 설정합니다. 저는 15억 원 이하로 설정하고 마음에 드는 지역은 좀 더 높게까지 설정해서 검색했습니다. 면적은 30~60평(다세대주택을 생각한다면 70평 이상도 가능)으로 설정합니다. 사용승인일은 15년 이상으로 설정했습니다.

네이버부동산 필터 설정

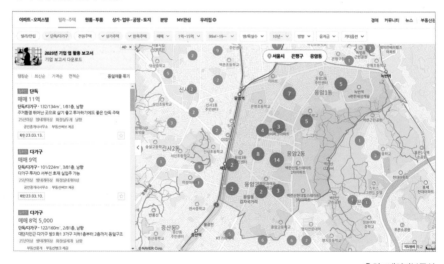

출처 : 네이버부동산

이렇게 해서 나온 매물들을 보면서 우선 임차인 명도, 즉 임차인을 내보내는 것이 가능한 물건인가를 따져봅니다. 매물 설명에 '명도 가능'이라고 쓰여 있거나, '신축 추천'이라고 써 있으면 명도가 가능한 물건이라고 봐도 무방합니다. 반대로 임차인을 승계받아야 하는 물건은 신축이 쉽지 않으니 빼고, 명도 여부가 불분명한 물건은 일단 저장만 해놓고 부동산에 전화해서 물어봅니다.

네이버지도에 표시하기

저장한 매물의 위치를 파악하고, 거리뷰로도 확인합니다. 네이버부동산에서도 위치와 거리뷰를 볼 수는 있지만 조금 불편해서 네이버지도를 켜서 다시 찾아봅니다. 어디에 위치하는지, 지하철과의 거리는 얼마나 되는지, 도로는 어떤 방향으로 나 있고 폭은 얼마나 되는지, 주변 건물들의 상태는 어떤지 등을 지도와 로드뷰로 파악합니다.

간혹 네이버 거리뷰가 없는 곳이 있는데 그런 곳 중 카카오맵 로드뷰로 볼 수 있는 곳도 있으니 교차 체크를 합니다. 두 곳 다 로드뷰가 없다면 차가 들어가지 못하는 좁은 골목에 위치한 경우가 대부분입니다. 이런 곳은 주차를 하기 어렵고, 신축 시 도로에 땅을 일부 내어줘야 할 수 있기에 매력도가 좀 떨어집니다.

저는 매물이 마음에 들면 네이버지도 즐겨찾기에 따로 만들어둔 '신축용 매물'이라는 폴더에 저장해놓았습니다. 메모 기능을 활용해 가격도 적어놓습니다. 이렇게 손품으로 마음에 드는 매물들이 모이면 루트를 짜서 하루 날을 잡고 실제 임장에 나섭니다.

네이버부동산에는 좋은 매물이 없다?

"좋은 매물은 네이버부동산에 없다"는 말도 있지만, 이는 반은 맞고, 반은 틀린 말입니다. 공인중개업소가 신축을 전문으로 다루는 곳이라면 좋은 매물이 나왔을 때 인터넷에 올리기 전에 신축업자나 기존에 방문했던 관심 있는 고객에게 먼저 매물을 소개하고, 그래도 팔리지 않으면 그때 네이버부동산에 올린다고 합니다. 실제 제가 방문했던 중개사사무소 중에도 저에게 대놓고 "업자들이 선택하고 남은 거 있으면 정보를 주겠다. 개인은 그런 거 가져가야 한다"라고 말한 곳도 있었습니다.

그러나 기존 주인이 매물을 내놓은 공인중개업소가 신축을 전문으로 다루는 곳이 아니고 그냥 동네 공인중개업소라면 매물을 네이버부동산에 올릴 수밖에 없습니다. 그렇게 큰 물건을 사러 그곳까지 찾아오는 사람이 많지 않으니까요. 그런데 이런 오래된 동네 공인중개업소에 의외로 좋은 매물이 있을 수도 있습니다. 동네 사람들이 오래 알고 지낸 곳에 매물을 내놓거든요. 제가 선택한 매물도 네이버부동산에 매물로 올라 있던 물건입니다. 매도인의 아드님께서 자신이 다니는 회사와 같은 건물에 있는 공인중개업소에 내놓으신 물건이었습니다. 그래서 이 물건은 여러 곳에 내놓은 것은 아니었고 딱 두 곳에 내놓은 물건이었습니다.

다만 네이버부동산에 올라온 지 오래된 물건, 1년이 지났는데도 그대로 나와 있는 매물은 한 번쯤 의심해봐야 합니다. 물건에 무슨 문제가 있거나 너무 비싸서 안 팔리는 것일 수도 있으니까요.

발품 팔아 현장 조사하는 법

공인중개업소 약속 잡기

임장을 가기 전에 관심 매물을 내놓은 공인중개업소 중 단독•다가구주택 매물이 가장 많거나, 설명이 잘되어 있는 곳을 골라 전화를 했습니다. 관심 매물을 볼 수 있는지 묻고 신축 용도로 적당한 매물 있으면 몇 개 더 준비해달라고 이야기해두었습니다.

혼자 먼저 돌아보기

바로 공인중개사 사무소로 가도 되지만, 저는 우선 혼자 천천히 지도에 표시해두었던 매물을 보러 갑니다. 지하철에서부터 걸어서 얼마나 걸리는지 보고, 매물까지 가는 주변에 버스 정류장이 있는지, 마트나 상가는 있는지, 주변에 빌라가 얼마나 있는지, 신축은 많이 있는지 등등 동네 분위기가 어떤지 확인합니다. 어차피 신축을 할 것이기 때문에 매물의 상태는 중요하지 않고, 오히려 입지와 땅의 모양, 도로의 방향과 넓이 등이 더 중요합니다.

공인중개사에게 확인할 사항들

약속한 공인중개업소로 가서 브리핑을 받습니다. 보통은 네이버부동산에 올라온 매물뿐만 아니라 다른 매물도 갖고 있는 경우가 많기 때문에 적당한 매물들을 같이 소개받으면 좋습니다. 그런 매물들은 나온 지 얼마 안 되거나 그 중 개업소에서만 갖고 있는 물건일 경우가 큽니다.

매물들을 볼 때는 명도가 가능한지 가장 먼저 확인합니다. 임차인을 승계하는 조건으로 내놓는 다가구주택도 많이 있기 때문입니다. 그런 경우 내가 매수한 후에 임차인을 내보내기는 쉽지 않습니다. 또한 임차인들이 살고 있는 다가구주택보다는 주인이 직접 살고 있는 단독주택이 명도가 더 수월합니다. 다만, 명도를 매도인 책임으로 하고 명도기한을 적당히 잡는다면 임차인들이 살고 있는 건물도 괜찮습니다.

그 외 주변에 원룸 수요가 많은지 아니면 투룸이나 쓰리룸 수요가 많은지, 공실이 많은지 등도 물어봅니다. 이때는 손품으로는 알 수 없었던 정보들을 주로 파악했습니다.

토지 분석 잘하려면
이 정도는 알아두자

토지를 분석할 때 가장 기본은 용도지역과 도로의 상태를 아는 것입니다. 이에 따라서 건물의 크기가 달라지거나 심지어 건축이 아예 불가능할 수도 있기 때문입니다.

용도지역에 따라 건폐율·용적률이 다르다

용도지역이란 토지의 이용이나 건축물의 용도·건폐율·용적률·높이 등을 제한함으로써 토지를 경제적·효율적으로 이용하고 공공복리의 증진을 도모하기 위해 서로 중복되지 않게 도시관리계획으로 결정하는 지역을 말합니다.

용도지역을 봐야 하는 가장 큰 이유는 건폐율과 용적률 때문입니다. 건폐율이란 건축물을 위에서 수직으로 내려다보았을 때 땅과 접하는 면적이 전체 토지 면적 중 몇 %까지 차지할 수 있느냐고, 용적률이란 건축물의 층별 바닥 면적의 합계가 전체 토지 면적의 몇 %까지 차지할 수 있느냐입니다. 건폐율이 클수록 옆으로 더 넓게 지을 수 있고, 용적률이 클수록 쓸 수 있는 내부 공간이 많아집니다.

우리가 상가주택 신축을 위해 알아야 할 용도지역은 주거지역에 관한 것입니다. 용도지역의 건폐율과 용적률은 지역에 따라 다르기 때문에 서울시를 기준으로 살펴보겠습니다.

용도지역에 따른 건폐율과 용적률(서울시 기준)

구분	건폐율(%)	용적률(%)
제1종전용주거지역	50	100
제2종전용주거지역	40	120
제1종일반주거지역	60	150
제2종일반주거지역	60	200
제3종일반주거지역	50	250
준주거지역	60	400
준공업지역	60	400

건폐율 : 대지면적에 대한 건축면적의 비율
용적률 : 대지면적에 대한 건축물 연면적의 비율
연면적 : 하나의 건축물 각 층의 바닥 면적의 합계

이 표를 보면 전용주거지역과 제1종일반주거지역은 용적률이 낮아서 건물을 높게 짓지 못합니다. 따라서 수익성이 중요한 상가주택의 경우 제2종일반주거지역, 제3종일반주거지역이 가장 적당하다고 볼 수 있습니다. 준주거지역과 준공업지역은 주변 환경이 괜찮다면 주택 신축을 하기 매우 좋은 땅이지만, 용적률이 높은 만큼 땅값이 비싼 경우가 많습니다.

도로 요건이 안 맞으면 신축이 불가하다

신축을 하기 위한 대지는 폭 4m 도로에 2m 이상 접해야 합니다. 간혹 땅이 매우 저렴하게 나와서 가보면 실제로는 도로에 접하지 않은 맹지가 있는데, 이 경우에는 신축을 할 수 없으니 조심해야 합니다.

건축허가를 위한 접도 요건

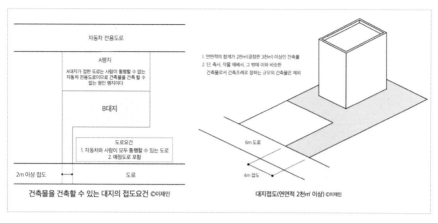

건축물을 건축할 수 있는 대지의 접도요건 ©이재인

대지접도(연면적 2천㎡ 이상) ©이재인

출처 : 이재인, 『그림으로 이해하는 건축법』을 참고해 작성

건축선 때문에 면적이 줄어들 수 있다

건축선이란 대지에 건축물이나 공작물을 설치할 수 있는 한계선을 말하며 대지와 도로의 경계선으로 합니다. 그러나 특정한 경우 이 건축선이 후퇴할 수 있습니다. 건축선이 후퇴하는 경우 그 땅은 아예 나의 땅이 아닌 것이 되기 때문에 잘 알아둬야 합니다. 매도인이 건축선이 후퇴되기 전 땅의 면적으로 땅을 내놓았다고 해도 나는 후퇴 후 면적의 평단가로 땅을 사게 되기 때문이죠. 건축선이 후퇴된다는 사실을 알고 그 땅을 안 살 수도 있지만, 그럼에도 불구하고 매력적인 땅이라면 매도인에게 매도가를 낮춰달라고 협상을 해볼 수도 있습니다. 건축선이 후퇴되는 경우는 도로의 폭이 4m가 안 되는 경우, 코너가각이 있는 경우가 있습니다.

인접도로에 따른 건축선 후퇴

내 땅에 접한 통과도로의 폭이 4m가 안 된다면 4m가 될 때까지 건축선을 후퇴시켜야 합니다. 이때 내 땅의 도로 반대편에 있는 집도 똑같이 건축선을 후퇴시켜야 하기 때문에 전체 소요폭(4m)의 절반(2m)만 확보해주면 됩니다.

도로 반대편에 대지가 있는 것이 아니라 경사지, 하천, 철도, 선로부지 등이 있다면 그쪽으로는 건축선이 후퇴할 수 없기 때문에 내 땅에서 소요폭 전체를 후퇴시켜야 합니다. 따라서 신축할 땅을 구할 때는 폭 4m 이상의 도로에 접하는 대지를 구해야 건축선 후퇴가 일어나지 않습니다.

통과도로가 아니라 막다른 도로인 경우는 조금 다릅니다. 막다른 도로의 길이가 10m 미만인 경우는 폭 2m, 길이가 10m 이상 35m 미만인 경우는 폭 3m, 길이가 35m 이상인 경우는 폭 6m를 확보해줘야 합니다.

건축허가를 위한 접도 요건

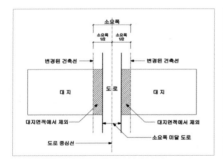

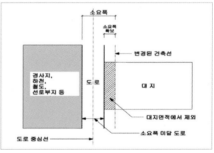

[예시①] 소요 너비에 못 미치는 너비의 도로일 경우

[예시②] 소요 너비에 못 미치는 너비의 도로 반대쪽에 경사지, 하천, 철도, 선로부지, 그 밖에 이와 유사한 것이 있는 경우

출처 : 국토교통부 고시 제2021-1422호

막다른 도로의 너비 요건

막다른 도로의 길이	도로의 너비
10m 미만	2m
10m 이상 35m 미만	3m
35m 이상	6m(도시지역이 아닌 읍·면지역은 4m)

출처 : 건축법 시행령 제3조의 3

코너에 있는 땅은 차가 지나기 쉽게 하기 위해 코너가 깎이게 됩니다. 코너에 위치한 땅은 가시성이 높아 좋은 땅이기는 하지만 코너가 깎이기 때문에 건축선 후퇴가 발생합니다.

다음 그림처럼 직각이 아니라 코너가 깎인 건물 보셨죠? 이런 건물이 코너가 각으로 깎인 건물입니다. 이 깎인 부분이 처음부터 내가 사려는 땅에 속하지 않고 이미 도로에 속한 경우에는 크게 문제 되지 않습니다. 문제는 지적도상 내가 사려는 땅에 속해 있는 경우입니다.

코너가각과 건축선 결정

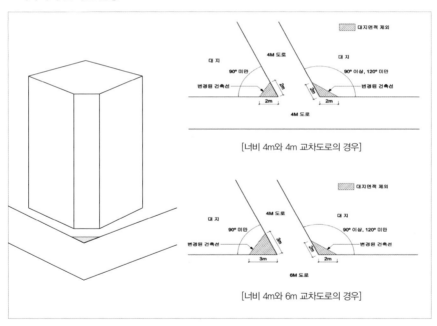

[너비 4m와 4m 교차도로의 경우]

[너비 4m와 6m 교차도로의 경우]

출처 : 국토교통부 고시 제2021-1422호

코너가각 규정은 도로의 폭과 각도에 따라 다른데, 코너의 각도가 90도 미만

이면 더 많이 깎아야 합니다. 코너가 어떻게, 얼마나 깎이는지에 대해 국토교통부 고시에 자세히 나와 있어 설명을 가져와봤습니다. 예를 들어 도로의 교차각이 95도, 교차하는 도로의 폭이 4m와 4m라면 코너 건축선을 2m씩 깎아야 합니다.

한두 평 깎이는 게 별거 아닌 것처럼 보일 수 있지만, 이 한두 평은 더 이상 내 땅이 아닌 게 되고, 그만큼 높은 평단가로 땅을 사게 되는 거죠. 보고 있는 땅이 코너가 깎이는 땅이라면 반드시 줄어드는 면적을 고려해서 매입 여부를 결정해야 할 것입니다.

도로 모퉁이 부분의 건축선 지정 기준

도로의 교차각	해당 도로의 너비		교차되는 도로의 너비
	6m 이상 8m 미만	4m 이상 6m 미만	
90도 미만	4m	3m	6m 이상 8m 미만
	3m	2m	4m 이상 6m 미만
90도 이상 120도 미만	3m	2m	6m 이상 8m 미만
	2m	2m	4m 이상 6m 미만
120도 이상	적용하지 않음		

출처 : 건축법시행령 제31조 제1항

일조사선 때문에 수익률이 줄어들 수 있다

일조사선이란 일조권 확보를 위해 건축물 높이를 제한해 생기는 사선입니다. 이 규정 때문에 건물이 사선으로 기형적인 형태가 되고, 건물 수익률도 줄어들게 됩니다. 다음 그림처럼 사선으로 깎인 건물들 많이 보셨죠? 어찌 보면 굉장히 기형적인 형태인데, 이게 다 일조사선 규정 때문에 만들어진 모습입니다. 그런데 이렇게 건물이 많이 깎이면 그만큼 건축할 수 있는 공간이 줄어드니 여간

손해가 아닐 수 없습니다. 따라서 일조사선의 영향을 적게 받는 땅을 고르는 게 상가주택의 수익률을 높이는 데 중요합니다.

일조권 적용 높이 및 이격거리 기준

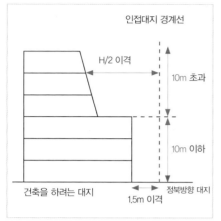

일조사선 규정(2023. 8월 개정)

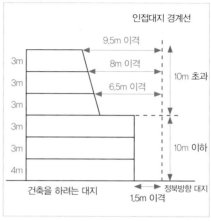

일조사선 예시(1층 층고 4m, 2층부터 각 3m인 경우)

일조사선은 주거지역에만 적용됩니다. 따라서 준주거지역이나 준공업지역에 있는 땅을 산다면 일조사선을 적용받지 않고 네모반듯한 건물을 지을 수 있습니다. 용적률도 더 높으니 신축에 훨씬 유리한 땅이지요. 대신 그만큼 땅값이 더 비쌉니다.

보통은 정북 일조사선을 적용하지만 택지지구나 지자체에 따라 조례로 다르게 규정하고 있는 경우도 있습니다. 여기서는 서울을 기준으로 정북 일조사선에 대해 알아보겠습니다.

주거지역에 건축물을 건축하는 경우 정북방향의 인접대지 경계선으로부터 높이 10m 이하는 1.5m 이상 이격하고, 높이 10m를 초과하는 부분은 인접대지 경계선으로부터 해당 건축물 각 부분 높이의 2분의 1 이상 이격해야 합니다.

보통 주택을 지을 때 층고를 3m 잡는데, 상가주택의 경우 1층 상가의 층고를 4m로 높게 한다면 3층 10m까지 깎이지 않고 건물을 지을 수 있고, 4층은 6.5m, 5층은 8m, 6층은 9.5m를 이격한다고 생각하면 쉽습니다.

참고로 관련 규정 개정 전에는 높이 9m가 기준이었는데, 2023년 9월 12일에 10m로 완화되었습니다. 따라서 이 전에 완공된 건물들은 이전 기준인 9m 기준으로 깎여 있습니다.

대지 높이에 따른 일조사선 적용 방법

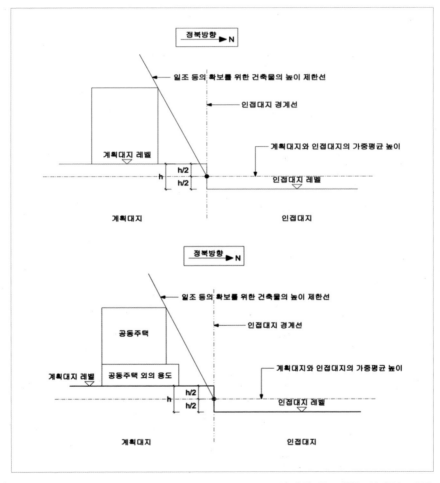

출처 : 국토교통부 고시 제2021-1422호

그렇다면 어떤 땅이 일조사선의 영향을 적게 받을까요? 당연히 북쪽에 도로(또는 공원, 하천)가 있는 땅입니다. 왜냐하면 내 땅이 북쪽으로 다른 집과 붙어 있는 경우 내 땅의 경계선으로부터 일조사선을 이격하지만, 북쪽으로 도로를 끼고 있는 경우 도로 건너편부터 일조사선을 이격하기 때문입니다. 다중주택이나 다가구주택은 도로 건너편의 대지경계선으로부터, 다세대주택의 경우 도로의 중심선으로부터 이격합니다. 북쪽으로 4m 도로를 끼고 있는 건물이라면 4, 5층까지도 거의 깎이지 않는 건물을 지을 수도 있는 거죠.

또한 동서로 긴 건물보다 남북으로 긴 건물이 일조사선으로 깎이는 면적이 적어 유리합니다. 그리고 땅의 높낮이가 차이가 난다면 북쪽이 높은 대지를 사야 유리합니다. 일조사선은 계획대지와 인접대지의 가중평균 높이에서부터 적용되기 때문에 북쪽이 낮으면 더 낮은 대지 레벨에서부터 일조사선이 깎이기 때문입니다.

주차장 구조에 따라 방 개수가 달라진다

주차장 규정은 상가주택을 지을 땅을 볼 때 정말 중요합니다. 주차에 따라 방의 개수나 상가의 규모가 정해질 수도 있고, 가능한 주차 대수에 맞춰 건물의 규모를 줄여야 하는 경우도 발생하기 때문입니다. 주차장 관련 규정을 알아두면 좋지만, 사실 이것은 건축가가 계산해줍니다. 따라서 이 규정을 정교하게 알기 어렵다면 평행주차와 직각주차로 차가 몇 대 들어갈지만 미리 알아두어도 좋습니다.

주차구획
부설주차장의 총주차 대수 규모가 8대 이하인 자주식 주차장의 구조 및 설비 기준을 12m 미만 보차 구분 없는 도로 중 중앙선이 없는 도로를 기준으로 살펴보겠습니다. 평행주차는 반대편 도로 끝선에서 4m 이상 띄워야 하며 대당 2m×6m 이상으로 만들어야 합니다. 직각주차는 반대편 도로 끝선에서 6m 이상 띄워야 하며 대당 2.5m×5m 이상으로 만들어야 합니다. 따라서 주차장으로 쓸 수 있는 땅이 도로쪽으로 길고 도로 수직으로 짧다면 평행주차가 유리합니다. 반면 땅이 도로 수직으로 길다면 직각주차로 주차 대수를 확보할 수 있습니다. 또한 주차 대수가 5대 이하인 경우 세로로 2대까지 이중주차가 가능합니다.

주차구획 배치 기준

구분		너비	길이
평행주차	일반형	2m 이상	6m 이상
직각주차	일반형	2.5m 이상	5m 이상

출처 : 주차장법 시행규칙 제3조

주차 가능 대수

주차 대수 산정 기준은 조금 까다롭지만 알아두면 유용합니다. 주차가 몇 대 들어가느냐에 따라 수익률이 달라지는데, 건축사도 잘못 계산하는 경우를 왕왕 봤기 때문입니다.

주차 대수에 대한 규정은 각 시도마다 다를 수 있으므로 조례를 봐야 합니다. 저는 '서울특별시 주차장 설치 및 관리 조례'를 기준으로 설명하겠습니다. 주의할 점은 지하층 면적은 주차 대수 계산 시 포함되며, 발코니 확장 면적 같은 서비스 면적은 제외해 계산한다는 점입니다. 또한 용도가 복합된 건물은 각 시설물별로 설치기준에 따라 산정한 소수점 이하 첫째자리까지의 주차 대수를 합해 산정합니다.

서울특별시 주차장 설치 및 관리 조례[별표 2], 주택건설기준 등에 관한 규정 제27조

시설물		대수
단독주택 (다중주택 포함, 다가구주택 제외)	시설면적 50㎡ 초과~150㎡ 이하	1대
	시설면적 150㎡ 초과	1대에 150㎡를 초과하는 100㎡당 1대를 더한 대수 [1+{(시설면적*−150㎡)/100㎡}]
다가구주택, 다세대주택, 오피스텔	각 세대(호실) 전용면적 30㎡ 이하	세대당 0.5대
	각 세대(호실) 전용면적 30㎡ 초과 ~60㎡ 이하	세대당 0.8대
	각 세대(호실) 전용면적 60㎡ 초과	세대당 1대
도시형 생활주택 소형주택	세대당 전용면적 30㎡ 미만	세대당 0.5대
	세대당 전용면적 30㎡ 초과	세대당 0.6대
근린생활시설	시설면적 134㎡당	1대

(비고 발췌 및 정리)
용도가 다른 시설물이 복합된 시설물에 설치해야 하는 부설주차장의 주차 대수
○단독주택 또는 다중주택과 근린생활시설 복합 건물은 각 시설물별 설치기준에 따라 산정한 소수점 이하 첫째자리까지의 주차 대수를 합해 산정
　－ 단독주택, 다중주택 소수점 이하 첫째자리까지 주차 대수 산정(A)
　－ 근린생활시설도 소수점 이하 첫째자리까지 주차 대수 산정(B)
　－ A+B의 소수점 이하의 수 반올림
　(단, 해당 시설물 전체에 대해 설치기준을 적용해 산정한 총 주차 대수가 1대 미만인 경우 주차 대수 0)
○다가구주택, 공동주택과 근린생활시설은 별도 합산
　－ 다가구주택, 공동주택은 소수점 이하의 끝수 올림(C)
　－ 근린생활시설은 소수점 이하의 수 반올림(D)
　－ 각자 산정 후 별도 합산(C+D)

예를 들어 상가주택(1층 근생, 2~4층 다중주택)의 주택 부분 면적이 204.12㎡이고, 근생 면적이 88.4㎡라면 다음 계산에 따라 주차 대수가 2대 나옵니다.

다중주택 부분의 주차 대수

=[1+{(204.12-150)/100}]

=1.54 → 1.5대(소수점 둘째자리 버림)

근린생활시설 부분의 주차 대수

=88.4/134

=0.66 → 0.6대 (소수점 둘째자리 버림)

건물 전체 주차 대수

1.5대+0.6대=2.1대 → 전체 2대(합산 후 반올림)

상가주택(1층 근생, 2~4층 다가구주택)의 주택 부분 전용 면적 23㎡ 원룸 6개, 40㎡ 1개, 53㎡ 1개, 근생이 88.4㎡라면 다음 계산에 따라 주차 대수가 6대 나옵니다.

다가구주택 부분의 주차 대수

=(0.5×6)+(0.8×2)=4.6 → 5대(소수점 이하 올림)

근린생활시설 부분의 주차 대수

=88.4/134=0.66 → 1대(소수점 이하 반올림)

건물 전체 주차 대수

=5대+1대=6대

내 손으로 직접 토지를
분석해보자

상가주택을 지을 땅을 구하다 보면 수많은 땅을 보게 됩니다. 우연히 괜찮아 보이는 땅을 발견하기도 하고, 공인중개사가 좋은 땅이 나왔다며 권하기도 합니다. 그런데 그런 땅을 볼 때마다 계약도 하지 않은 건축가에게 신축하기 좋은 땅인지 봐달라고 말하는 게 쉽지는 않습니다. 또한 정말 좋은 땅은 나오자마자 팔려버리기 때문에 빠른 시간 내에 이 땅이 좋은 땅인지 판단하고 계약금을 보낼 수 있어야 합니다.

왜 토지를 직접 분석해야 할까

내가 살 땅을 가장 열심히 보는 사람은 누구일까요? 건축가도 아니고, 허가 담당 공무원도 아니고 바로 나입니다. 건축가가 네이버지도만 보고 북도로가 없는 땅을 북도로가 있는 땅으로 잘못 보고 가설계를 해줘서 수익률이 더 높은 줄 알고 토지를 매입한 경우도 주변에 있었고, 주차 대수를 잘못 계산한 것을 허가 넣기 전 발견해 수정했던 경우도 있습니다. 아무리 전문가라고 해도 실수할 수 있습니다. 그렇다고 해도 그 사람들을 전적으로 탓할 수도 없습니다. 내가 선택한 땅이니까요.

토지 분석에 도움을 주는 여러 사이트와 어플리케이션(이하 앱)을 통해 건축주도 직접 토지에 대한 정보를 얻고 분석을 해볼 수 있습니다. 저는 괜찮다 싶은 매물을 보면 우선 '디스코'로 기본 정보를 확인하고, '밸류맵'으로 보완합니다. 정확한 정보는 '토지이음'을 통해 보고, '랜드북'을 통해 신축에 적합한 땅인지를 개략적으로 판단합니다.

디스코로 전반적인 정보 파악하기

'디스코(www.disco.re)'에서 토지의 주소를 입력하면 그 주소에 해당하는 땅의 전반적인 정보를 알 수 있습니다. 실거래가(이전 거래 내역이 있는 경우), 토지 정보(면적, 지목, 용도지역, 이용상황, 도로와 지형에 관한 사항, 토지이용계획, 개별공시지가), 건물 정보(건축물 현황, 소유자 정보, 개별주택공시가격) 등을 확인할 수 있습니다. 디스코가 보기 쉽게 되어 있어서 저는 땅을 볼 때 주로 디스코 앱으로 검색해서 전반적인 정보를 보고, 마음에 드는 땅을 자세히 분석할 때 '토지이음'을 보는 편입니다.

디스코에 마음에 드는 신사동 땅을 입력해봅니다. 최근 실거래된 내용이 있다면 실거래 정보가 뜨는데, 반영이 잘 안 되어 있는 경우도 있습니다. '토지' 탭을 보면 땅의 면적이 151.4㎡고, 2종일반주거지역인 것을 알 수 있습니다. 신축할 예정이므로 건물 정보는 중요하지 않아 가볍게 보고 넘어갑니다.

디스코로 토지 정보 파악하기

은평구 신사동 ○○○-○○	은평구 신사동 ○○○-○○
·은평구	은평구

실거래가	매물	경매	**토지**	건물	등기	실거래가	매물	경매	**토지**	건물	등기

토지 정보

면적	151.4m²
지목	대
용도지역	제2종일반주거지역
이용상황	단독
소유구분	개인 (공유인수 0)
소유권변동일자	2002-04-22
소유권변동원인	소유권이전
도로접면	세로한면(가)
지형높이	평지
지형형상	세로장방

토지이용계획

국토의 계획 및 이용에 관한 법률

포함	도시지역, 제2종일반주거지역
저촉	-
접함	-

기타법률

포함	대공방어협조구역, 가축사육제한구역, 상대보호구역, 과밀억제권역
저촉	-
접함	-

토지 이동(변동) 사유

일자	사유

출처 : 디스코

디스코에서는 해당 매물뿐만 아니라 주변 땅이 얼마에 팔렸는지도 볼 수 있습니다. 필터를 걸 수도 있는데, 저는 부동산 유형을 '토지, 단독/다가구'로 설정하고 기간을 2년 정도로 설정해서 관심 매물 주변 물건이 최근에 얼마에 팔렸는지 확인했습니다. 매도 평단가를 확인해보면 내 관심 매물이 주변에 팔린 물건보다 싼 건지 비싼 건지 판단할 수 있습니다.

토지이음으로 제한사항 확인하기

'토지이음(www.eum.go.kr)'은 국토교통부에서 운영하는 사이트로, 토지이용계획과 도시계획 등을 볼 수 있습니다. 주소를 입력하면 그 주소의 지목, 면적, 개별공시지가, 지역지구 지정 여부 등과 함께 소재지의 도면을 확인할 수 있어 토지 분석을 할 때 가장 필수적인 사이트입니다.

신사동 땅의 주소를 토지이음에 입력해봅니다. 면적을 확인할 수 있고, 2종일반주거지역으로 7층 이하 건축이 가능하다는 점을 알 수 있습니다. '다른 법령 등에 따른 지역·지구등' 부분에 이 땅이 어떤 제한을 받는지 나옵니다. 문화재보호구역처럼 신축하기 까다로운 내용이 있는지 살펴봅니다. 이 땅은 특이사항은 딱히 없네요. 만약 지구단위계획이 있다고 나온다면 '서울도시계획포털(urban.seoul.go.kr)'에 들어가 어떤 제한이 있는지 확인해봅니다.

땅을 분석할 때는 축적을 200이나 300으로 해 프린트를 합니다. 삼각 스케일자를 사용하면 도로폭이 몇인지, 땅의 길이와 폭은 몇인지 측정할 수 있습니다.

도시계획 확인도 가능합니다. 향후 도로 계획 등이 있다면 '도시계획' 탭에서 확인할 수 있습니다. 내 땅 주변으로 도로가 생길 계획이 나와 있다면 호재라고 볼 수 있지만, 혹시 내 땅을 침범해 도로가 생길 계획이 있다든가 하는 경우도 있으니 잘 봐야 합니다.

토지이음으로 토지이용계획 확인하기

소재지	서울특별시 은평구 신사동 ○○○-○○			
지목	대 ?		면적	151.4 ㎡
개별공시지가(㎡당)	3,550,000원 (2022/01) 연도별보기			
지역지구등 지정여부	「국토의 계획 및 이용에 관한 법률」에 따른 지역 · 지구등	도시지역 , 제2종일반주거지역(7층이하)		
	다른 법령 등에 따른 지역 · 지구등	가축사육제한구역<가축분뇨의 관리 및 이용에 관한 법률>, 상대보호구역(최종확인은 관할 교육청에 반드시 확인이 필요한 사항임)<교육환경 보호에 관한 법률>, 대공방어협조구역(위탁고도:77-257m)<군사기지 및 군사시설 보호법>, 과밀억제권역<수도권정비계획법>		
「토지이용규제 기본법 시행령」 제9조 제4항 각 호에 해당되는 사항				
확인도면			범례 ■ 제2종일반주거지역 ■ 제3종일반주거지역 □ 대공방어협조구역 □ 도시지역	

7층이하 / 제3종일반주거지역

□ 작은글씨확대 축척 1 / 500 ∨ 변경 도면크게보기

출처 : 토지이음

부동산플래닛으로 지역 노후도 확인하기

'부동산플래닛(www.bdsplanet.com)'은 주로 해당 지역의 노후도가 얼마나 되는지, 신축이 활발한지를 확인하기 위해 사용합니다. 오른쪽 탐색 버튼을 누르면 건물의 노후도에 따라 토지의 색이 다르게 나옵니다. 빨간색일수록 노후도가 높고, 파란색이 신축입니다. 너무 빨간색만 있으면 신축이 없는 동네라는 뜻인데, 이런 곳에 '나홀로 신축'이면 좋을 수도 있지만, 신축 공급이 없는 이유가 있을 수 있으니 잘 생각해봐야 합니다.

신사동 주변 땅을 넓게 보면 빨간색의 구축이 많지만, 역 주변으로는 신축이 꽤 있다는 것을 알 수 있습니다.

부동산플래닛으로 노후도 파악하기

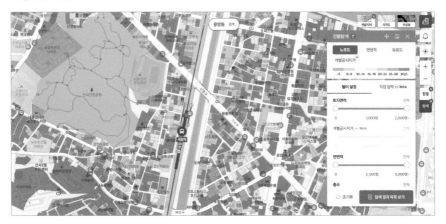

출처 : 부동산플래닛

실전 건축
후보 지역을 하나씩 분석해보자

건축주가 토지를 분석할 때 알아야 하는 관련 규정에 대해 공부해놓으면 토지이용계획원만 봐도 이 땅이 신축하기 좋은 땅인지 알 수 있게 됩니다. 앞의 규정을 제가 본 땅에 적용해 분석해보았습니다. 토지이음에 들어가 주소를 넣고 축적을 300 정도로 변경 후 인쇄합니다.

상도동 후보지 분석

출처 : 토지이음

3면이 도로를 끼고 있어서 노출도가 좋은 땅이었습니다. 그런데 북쪽 도로가 4m가 안 되어 건축선이 후퇴되고, 코너가각으로 건축선 후퇴가 두 곳이나 되는 땅이었습니다.

공릉동 후보지 분석

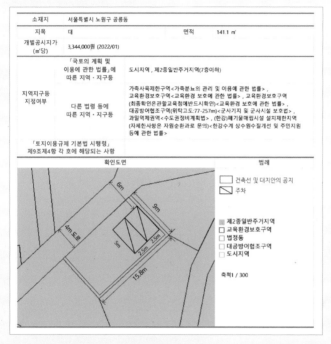

소재지	서울특별시 노원구 공릉동		
지목	대	면적	141.1 ㎡
개별공시지가 (㎡당)	3,344,000원 (2022/01)		
지역지구등 지정여부	「국토의 계획 및 이용에 관한 법률」에 따른 지역·지구등	도시지역, 제2종일반주거지역(7층이하)	
	다른 법령 등에 따른 지역·지구등	가축사육제한구역<가축분뇨의 관리 및 이용에 관한 법률>, 교육환경보호구역<교육환경 보호에 관한 법률>, 교육환경보호구역 (최종확인은관할교육청에반드시확인)<교육환경 보호에 관한 법률>, 대공방어협조구역(위탁고도:77-257m)<군사기지 및 군사시설 보호법>, 과밀억제권역<수도권정비계획법>, (한강)폐기물매립시설 설치제한지역 (자세한사항은 자원순환과로 문의)<한강수계 상수원수질개선 및 주민지원 등에 관한 법률>	
	「토지이용규제 기본법 시행령」 제9조제4항 각 호에 해당되는 사항		

확인도면

범례
- ☐ 건축선 및 대지안의 공지
- ▨ 주차

6m
9m
4m 도로
5m
2.5m 2.5m
15.8m

- ▨ 제2종일반주거지역
- ☐ 교육환경보호구역
- ☐ 법정동
- ☐ 대공방어협조구역
- ☐ 도시지역

축척1 / 300

출처 : 토지이음

　　공릉역 초역세권에 있는 땅입니다. 2종일반주거지역으로 북서쪽으로 4m 도로를 끼고 있어 건축선 후퇴는 없습니다. 주차 구획을 해보니 직각주차를 하려면 도로 포함 6m를 띄워야 하는데, 도로 4m와 내 땅의 2m로 직각주차에 필요한 6m를 확보하고, 한 대당 5m 길이가 필요하니, 두 대를 직각으로 이중주차하려면 내 땅이 12m(2+5+5) 폭이 되어야 합니다. 그런데 이 땅은 세로폭이 9m 밖에 안 되어 직각주차로는 2대 이중주차가 불가능합니다. 평행주차의 경우 도로가 4m라서 추가로 띄워야 하는 폭은 없지만 2대를 대려면 12m(6+6)의 길이가 필요합니다. 이 땅의 가로 길이는 15.8m이니 2대를 평행으로 주차할 수 있겠네요. 따라서 직각주차로는 한 대씩 병렬주차해야 해서 1층 면적이 더 줄어들고, 평행주차를 하는 경우 건물의 전면을 주차로 가리기에 주차 구획하기에 좋은 땅은 아니었습니다.

신사동 후보지 분석

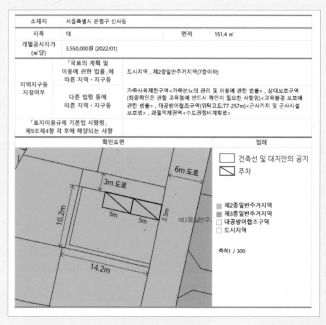

소재지	서울특별시 은평구 신사동		
지목	대	면적	151.4 ㎡
개별공시지가 (㎡당)	3,550,000원 (2022/01)		
지역지구등 지정여부	「국토의 계획 및 이용에 관한 법률」에 따른 지역ㆍ지구등	도시지역 , 제2종일반주거지역(7층이하)	
	다른 법령 등에 따른 지역ㆍ지구등	가축사육제한구역<가축분뇨의 관리 및 이용에 관한 법률> , 상대보호구역(최종확인은 관할 교육청에 반드시 확인이 필요한 사항임)<교육환경 보호에 관한 법률> , 대공방어협조구역(위탁고도:77-257m)<군사기지 및 군사시설 보호법> , 과밀억제권역<수도권정비계획법>	
「토지이용규제 기본법 시행령」 제9조제4항 각 호에 해당되는 사항			

출처 : 토지이음

신사동 땅은 2종일반주거지역으로 동, 북으로 도로를 끼고 있습니다. 자세히 살펴보겠습니다.

첫째, 도로 후퇴가 없습니다. 이 땅은 동쪽으로 폭 6m의 주도로가 있고, 북쪽으로 폭 3m의 막다른 도로가 있습니다. 이 땅의 주도로는 6m니 건축선 후퇴가 없고, 막다른 도로의 폭이 3m라서 막다른 도로에 대한 규정을 살펴볼 필요가 있습니다.

이 땅의 막다른 도로의 길이는 14.2m 정도로 10m 이상 35m 미만은 3m 너비만 도로로 확보하면 되니 현재 폭 3m에서 추가로 도로를 확보할 필요가 없습니다.

둘째, 코너가각이 없습니다. 이 땅은 동쪽과 북쪽 도로를 코너로 끼고 있지만, 코너가각은 폭이 4m 이상인 도로에서만 합니다. 6m와 3m 도로가 만나기에 코너가각을 하지 않아도 되는 거죠. 이 부분은 땅을 사기 전에 잘 확인해야 합니다. 저는 이론적으로 안 깎인다고 확인 후 구청 건축과에 직접 확인했습니다.

셋째, 북도로를 끼고 있어 일조사선에 유리합니다. 이 땅은 막다른 도로 부분이 북도로입니다. 따라서 북쪽으로 이미 3m가 떨어지고, 건물을 최대한 남쪽으로 붙여 짓는다면 일조사선의 제한으로부터 상당히 유리하게 건물을 올릴 수 있습니다. 개략적으로 분석해보니 4층까지도 건물이 똑바로 올라가게 나와서, 5층(+다락)까지도 건물을 충분히 올릴 수 있을 것 같았습니다. 그 외에 기존 주택에 지하가 넓게 있어, 지하도 살릴 수 있을 것 같더라고요.

호실을 몇 개나 넣을 수 있을지 대략적인 분석도 해봅니다. 땅 면적이 45.8평으로 2종일반주거지역의 건폐율이 60%니 건축면적은 27.48평, 여기서 계단실 등의 공용면적 6평을 빼면 전용면적 21.48평의 땅이 됩니다. 이 면적을 이리저리 나누면 대략 5평 원룸 2개, 6평 원룸 2개 정도를 층당 구성할 수 있으리라고 분석했습니다.

한 가지 유의할 점은 나중에 실제 설계를 해보니 벽 두께 등을 고려하지 않은 이런 대략 계산보다 방 면적이 작아지더라고요. 따라서 토지 분석 시 방을 너무 작게, 여러 개 구성하는 것보다는 좀 더 보수적으로 분석할 필요가 있습니다.

또한 땅을 살 때 꼭 건축선 후퇴가 없는 땅, 북도로를 낀 땅만 사야 하는 것은 아닙니다. 다만, 유리한 땅은 좀 더 비싸게 주고 사도 되고, 불리한 땅이라도 수익이 나면 좀 더 싸게 사면 됩니다.

가설계로 예상 수익률을
계산해보자

가설계(계획설계, 기획설계)란 건물의 규모 등을 파악하기 위해, 기본적인 건축 법규 검토를 기반으로 실시하는 임시 설계를 말합니다. 본설계를 하기 전에 간략하게 설계를 해보는 것으로, 주로 그 토지를 구입하기 전에 이 토지가 얼마나 괜찮은 토지인가를 판단하기 위해서 합니다.

매수 결정 전에 가설계를 해봐야 하는 이유

첫째, 이 사업의 수익성을 대략적으로 분석할 수 있습니다. 내가 고른 땅이 일조사선을 어떻게 받아서, 어떤 모양으로 건축 면적이 정해지는지, 이 땅에 주차는 몇 대가 들어가는지 알 수 있습니다. 주차 대수가 중요한 이유는 주차 대수에 따라 방의 개수를 몇 개까지 할 수 있는지가 정해지기 때문입니다. 주차 대수가 안 나오면 방을 더 만들고 싶어도, 건물을 더 올리고 싶어도 못 올리는 경우가 나옵니다. 이를 토대로 방은 어떤 면적으로, 몇 개로 구성해 수익이 얼마나 나오겠다는 계산이 대략적으로 가능합니다.

둘째, 이 땅을 매수할 것인가 판단을 내리는 기준이 됩니다. 내가 사려는 땅이 얼마나 좋은 땅인지, 건물이 어떻게 지어질지 대략적으로 알 수 있습니다. 비전문가인 내가 봤을 때는 이 땅이 남향이라고 해도 잘 들 것 같고, 길쭉해서 도로도 많이 면해 있어서 좋을 것 같을 수도 있지만, 막상 가설계를 해보면 일조사선 때문에 건물이 많이 깎이고, 주차가 많이 못 들어가 방을 많이 낼 수 없는 등 좋은 땅이 아니었구나 하는 걸 깨달을 수도 있습니다.

셋째, 가설계를 맡긴 건축가가 내 마음에 드는지 미리 판단해볼 수 있습니다. 가설계를 맡겼는데 하세월이라거나, 수익성을 내는 설계를 해주지 않는다면 안 되겠죠.

가설계에서 고민해야 할 것들

가설계에서 중요하게 봐야 할 것은 디테일이 아닌, 이 토지에서 주차가 몇 대가 나오는가, 코어 배치는 어떻게 되는가, 방은 층당 몇 개가 나오고, 건물은 몇 층까지 올라가느냐입니다. 물론 실제 본설계를 하다 보면 가설계 때와는 방의 크기와 개수, 코어 방향도 달라질 수 있습니다. 그렇기 때문에 디테일보다는 이 땅에 이 정도 규모의 건물이 나오겠구나 하는 정도로 파악하면 됩니다.

또 하나 중요한 것은 스피드입니다. 내가 좋아 보이는 땅은 남도 좋아보이므로 빨리 잡지 못하면 내 손을 떠나게 되겠죠. 따라서 가설계는 최대한 빨리 받아야 합니다.

가설계를 받는 방법

가설계를 받으려면 건축사사무소에 연락해서 가설계를 부탁하면 됩니다. 그런데 건축가로서는 가설계에도 법률 검토 등 자신의 시간과 에너지가 많이 들어가기 때문에 가설계는 안 한다는 곳도 있고, 본설계를 맡기는 전제로 가설계를 해주는 곳도 있습니다. 가설계에 돈을 받는 경우도 있고, 안 받는 경우도 있고요.

돈을 지불하더라도 가설계는 꼭 해보고 땅을 구입하는 것이 좋다고 생각하지만, 유명한 건축사사무소는 가설계를 안 하는 경우도 많이 있습니다. 이 경우에는 내가 건축사사무소가 마음에 들어 설계를 맡기고 싶은데 이 땅을 사도 좋을지 봐달라고 하시면 가설계까지는 아니더라도 간략하게 검토해주실 수도 있을 것입니다. 실제 제가 강연을 들어본 유명 건축사사무소들도 이렇게 하고 있었고요.

제 경우는 남편이 건축사라서 남편이 직접 가설계를 했습니다. 그래서 가설계를 받기 더 수월하기는 했지만, 이탈리아 건축사인 남편은 한국의 이런 소규모 수익형 건물을 설계해본 적이 없어서 관련 법규를 익혀가며 하느라 속도가 빠르지 않아 제 속을 좀 태웠죠. 부디 좋아 보이는 땅을 봤을 때는 마음은 급해도 가설계를 꼭 받아보시길 바랍니다.

임시로 가설계를 해보고 싶다면

땅을 볼 때마다 건축가에게 가설계를 맡길 수는 없기에 그럴 때 임시로 가설계를 해볼 수 있는 사이트를 소개합니다.

밸류맵

'밸류맵(valueupmap.com)'은 주로 주변 매물이 얼마에 팔렸는지 확인할 때 사용하지만, 해당 땅의 가설계를 해볼 수도 있습니다. 제가 땅을 구하던 시기에는 '무료 가설계' 기능이 있어 이 땅에 신축을 한다면 어떤 모양이 나올지 개략적으로 살펴볼 수 있었습니다. 근래에는 유료 'AI건축설계'로 바뀌고 더 세밀한 설계 검토가 가능해졌습니다.

랜드북

'랜드북(www.landbook.net)'에서는 무료 신축 분석과 유료 AI 건축 분석을 이용할 수 있습니다. 유료 기능은 좀 더 구체적인 분석을 해주겠으나, 여기서는 제가 이용해본 무료 분석에 대해서 말씀드리겠습니다. AI가 신축 분석을 해주고 신축에 얼마나 유리한 땅인지 별 5개 만점으로 표시해줍니다. 사업성 분석과 주변 신축 개발 빈도까지도 알려줍니다.

랜드북으로 가설계해보기

출처 : 랜드북

그 외 가설계를 해주는 곳으로 '플렉시티', '하우빌드' 등도 있는데, 이곳은 주택과 상업의 용도를 선택해 자세히 가설계해볼 수 있습니다. 이러한 사이트에서 필요할 때마다 빠르게 가설계를 해볼 수 있지만, AI 설계기 때문에 부정확한 측면이 있을 수 있습니다. 제가 산 땅은 밸류맵과 랜드북 모두 건축선이 잘못 적용되어 나오고, 플렉시티는 건축선은 제대로 적용되지만 서비스 면적을 반영하지 못하는 것 같았습니다.

건물이 이런 모양으로 건축되겠구나 정도로 정말 참고만 하고 자신이 직접 분석해보셔야 합니다. 따라서 여러 땅을 보는 초기 단계에 활용하고 정말 마음에 드는 땅은 건축사를 통해 가설계를 받아보기를 추천합니다.

실전 건축
최종 선택한 땅의 수익성은?

결과적으로 제가 선택한 땅은 새절역 인근의 부지입니다. 왜 그런 선택을 하게 되었는지 가설계 내용을 보여드립니다. 근생다중주택(승강기 유무), 근생다가구주택 등 여러 버전으로 검토해보았습니다.

가설계 해보기

4~5층까지도 거의 일조사선을 받지 않는 땅이지만 이면도로라 2층까지 근생으로 채울 수 없을 것 같아 1층만 근생으로 하기로 했습니다. 그중에서 반지하와 2~4층을 주거로 하는 옵션3과 반지하 없이 1층을 근생으로 하고 2~4층을 주거로 하는 옵션4를 채택했습니다.

다양한 옵션 구상

옵션1	반지하+1~3층 주거 (다중주택)	용적률이 다 안 채워짐	제외
옵션2	1, 2층 근생, 3~5층 주거(다중주택)	주차 2대, 용적률을 거의 다 채울 수 있으나, 이면도로라 2층까지 근생으로 채우기 어려울 것 같음	제외
옵션3	반지하+1층 근생+ 2~4층 주거(다중주택)	주차 3대, 용적률을 채울 수 있음	채택
옵션4	1층 근생+2~4층 주거 (다중주택)	주차 2대, 용적률을 채울 수 있음	채택
옵션5	1, 2층 근생+3~5층 주거 (다가구주택)	주차 4대	제외

서울시 은평구 상가주택 신축공사

단위 : m2(평)

설계개요

사업명	시울시 은평구			
대치위치	은평구			
지역, 지구	제2종 일반주거지역			
대지면적	대지면적		제외면적	
	151.4	(45.8)	0	0
건축면적	90.84	(27.4)		
연면적	지상	285.33		
	지하	74.89		
	연면적	360.22		
용적률 산정용 연면적	285.33			
건폐율	60 <법정 60%			
용적률	188 <법정200%			
건축규모	지하1층/지상4층			
구조	철근콘크리트조			
조경면적	0			
주차대수	설치	3대		
	계산식	(1+(298.99-150)/100)+(76.06/134)=3		
	산정	다중주택 1+(전용+공용-150)/100 = 2.49		
		2세 (전용+공용)/134 = 0.57		

층별 면적표

층별	용도	바닥면적(a+b)	전용면적(a)	공용면적(b)	서비스면적(c) 발코니 확장	다락	공사용 면적(a+b+c)	비고
지상4층	주택	70.54	47.13	23.41	19.93	49.5	139.97	
지상3층	주택	69.29	43.16	26.13	21.55		90.84	
지상2층	주택	69.35	42.95	26.40	21.76		91.11	
지상1층	근린생활시설	76.15	51.98	24.17			76.15	
지하1층	주택	74.89	60.47	14.42			74.89	
합계		360.22	245.69	114.53	63.24	49.50	472.96	

호별 면적표

호수	용도	전용면적(a) m2	평	서비스면적 발코니 확장(d)	다락(e)	실내사용면적(a+d+e) m2	평	비고
401	주택	31.73	9.6	11.64	34.57	77.94	23.6	
402	주택	15.40	4.7	8.29	14.89	38.58	11.7	
301	주택	10.60	3.2	7.83		18.43	5.6	
302	주택	16.82	5.1	5.67		22.49	6.8	
303	주택	15.74	4.8	8.05		23.79	7.2	
201	주택	11.84	3.6	8.34		20.18	6.1	
202	주택	15.66	4.7	5.14		20.80	6.3	
203	주택	15.45	4.7	8.28		23.73	7.2	
101	근린생활시설	51.98	15.7			51.98	15.7	
B101	주택	21.69	6.6			21.69	6.6	
B102	주택	20.01	6.1			20.01	6.1	
B103	주택	18.77	5.7			18.77	5.7	
합계		245.69	74.3	63.24	49.46	358.39	108.4	

B1층

1층

2층

3층

4층

다락

주변 시세 조사하기

수익률 분석을 하려면 방 크기별로 전월세 가격을 알아야 합니다. 네이버부동산, 다방 등의 앱을 통해 주변 시세 조사를 해봤습니다. 5평의 작은 원룸은 보증금 1,000만 원에 월세 50만 원, 7~9평 사이 1.5룸이 보증금 1,000만 원에 월세 60만 원 정도의 시세가 형성되어 있었습니다. 지금은 이보다 높지만 과거 시세고, 보수적으로 잡은 점을 감안해주세요.

은평구의 규모별 임대 시세

구분	평(㎡)	월세(보증금/월세)	전세
원룸	5(16.5㎡)	1,000/50만 원	1억 3,000만 원
분리형 원룸	6(19.8㎡)	1,000/55만 원	1억 7,000만 원
1.5룸	7~9(23.1㎡)	1,000/60만 원	2억 1,000만 원
투룸	10~13(39.7㎡)	2,000/50만 원	2억 6,000만 원
쓰리룸	15~18(49.6㎡)	–	3억 원

투자 비용 계산해보기

취득세는 지금은 법이 바뀌어 주택신축판매업의 경우 다주택자도 취득세가 중과되지 않지만, 제가 매수 검토를 할 당시에는 다주택자의 주택 취득세가 12%였기 때문에 그렇게 계산했습니다. 중계 수수료는 지금은 인하해 12억 원 미만 0.5%지만 이당시에는 0.9%였습니다. 직접 건축비의 경우 어림잡아 그 당시 시세로 평당 650만 원을 잡았습니다. 가설계와 수익성 분석을 할 당시에는 설계·감리비, 인입비 등이 얼마나 들어갈지 알지 못해서 그냥 잡비로 넉넉히 1억 원을 잡아놓았습니다. 총투자금은 22억 8,000만 원, 대출을 뺀 실투자금은 8억 4,000만 원 정도로 산정되었습니다.

예상 투자 비용 계산 (단위 : 원)

토지비	토지 구입비	1,120,000,000	
	취득세	134,400,000	다주택자 취득세 중과 12%
	중계 수수료	10,080,000	0.9%
	매입비 소계	1,264,480,000	
	대출금(75%)	840,000,000	1년 이자(4.2%)
	토지비 필요금액	424,480,000	매입비-대출금

건축비	직접 건축비	924,300,000	650만 원/평, 142.2평	
	잡비	100,000,000	설계비, 감리비, 인입비, 세금, 이자 비용 등	
	건축비 소계	1,024,300,000		
	대출금(65%)	600,795,000		
	건축비 필요금액	423,505,000	건축비-대출금	
총투자 금액		2,288,780,000		
실투자 금액		847,985,000		

수익성 분석하기

신축이므로 조사한 전월세 시세보다 조금 높게 잡아 수익성 분석을 해봤습니다. 실제 임대 시점에는 가설계 때와 호실 수나 임대료가 많이 달라졌지만 이때는 주차가 어디로, 몇 대 들어가고, 층당 방이 몇 개 나와서 얼마의 수익이 나는지를 계략적으로 따져보는 데 의의를 두었습니다.

옵션3의 수익률 분석

(단위 : 원)

	호실	평	보증금	월세	관리비	주차	계
지하 1층	B101	6	5,000,000	550,000	60,000		610,000
	B102	5.7	5,000,000	550,000	60,000		610,000
	B103	5.1	5,000,000	500,000	60,000		560,000
1층 (상가)	101	16.9	40,000,000	1,600,000	60,000	40,000	1,700,000
2층	201	5.9	10,000,000	550,000	60,000		610,000
	202	7.5	10,000,000	600,000	60,000		660,000
	203	7	200,000,000	-	60,000		60,000
3층	301	5.9	10,000,000	550,000	60,000		610,000
	302	7.5	220,000,000	-	60,000		60,000
	303	6.8	170,000,000	-	60,000		60,000
4층	401	23.1	320,000,000	-	60,000	40,000	100,000
	402	13.6	260,000,000	-	60,000		60,000
계			1,255,000,000	4,900,000	720,000	80,000	5,700,000

총투자 금액	2,288,780,000	
대출금	840,000,000	
보증금	1,255,000,000	
실투자금	193,780,000	총투자 금액-대출금-보증금

월 수익	5,700,000	
월 대출 이자	2,940,000	토지 대출 이자(건축비 대출은 상환)
월 순수익	2,760,000	월 수익-월 이자
연 순수익	33,120,000	(월 수익-월 이자)×12
보유 수익률	17.1%	순수익금/실투자금

예상 매각 가격	2,757,400,000	매수자 수익률 5% 매각 가격=연 순수익/요구수익률+보증금+대출금
예상 매도 차익	468,620,000	

반지하 주거를 넣은 옵션3의 경우 전세와 월세를 적절히 섞었을 때 보증금은 12억 5,500만 원이 나오고, 월수익은 월세와 관리비, 주차비를 더하면 570만 원이 나옵니다. 월 순수익(월 수익-월 이자)은 276만 원, 연간 순수익은 3,312만 원이 나옵니다.

이 건물을 매도할 경우 매수자의 수익률을 5%로 잡으면 예상 매매가(보증금+대출금+연간 순수익/5%)는 27억 5,740만 원이 나오고, 여기에 예상 투자 비용 22억 8,878만 원을 빼면 4억 6,862만 원의 예상 매도 차익이 나옵니다.

지하를 삭제하고, 1층을 상가로 넣은 옵션4의 경우 수익이 많이 줄어듭니다. 1층 근생 부분을 쪼개어 주거로 개조하는 경우에는 수익이 더 크게 나오지만, 현행법상 불법이기 때문에 그렇게 하지는 않았습니다. 또한 방 크기를 더 작게 해서 층당 방을 4개씩 넣었을 때는 예상 수익이 훨씬 더 많이 나오기도 했습니다. 그러나 가설계에서는 수익성을 보수적으로 잡아야 나중에 손해 보는 일이 없기에, 이렇게 보수적으로 잡아도 수익이 난다면 그 안을 실행해도 될 거라고 생각했고, 임대 시점에는 임대료를 더 높게 받을 수 있겠다는 생각에 실제 수익성은 더 높을 것이라고 예상했습니다.

한 가지 말씀드리고 싶은 것은, 제가 땅을 사기 전에 수익성 분석을 한 것을 일부러 그대로 보여드린 것이라서 실제 이 땅을 진행하며 계획과 설계가 바뀌어 지금은 수익 금액도 다릅니다. 다만, 땅을 사기 전에 이런 식으로 분석했다는 것을 가감 없이 보여드렸으니 참고만 해주세요.

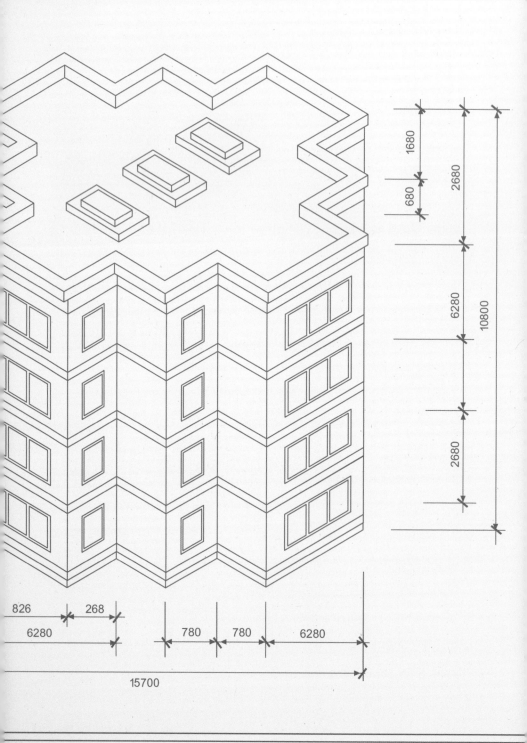

1680

680

2680

6280

10800

2680

826

268

6280

780

780

6280

15700

3장.

부지 계약부터
대출 및 잔금까지

드디어 땅을
계약했다

신축할 땅은 굳이 위치 제한을 두지 않고 서울 전역을 돌며 찾아보고 있었지만, 은평구에 살다 보니 아무래도 은평구 쪽을 자주 보게 되었습니다. 이 땅은 여느 때처럼 네이버부동산을 통해 손품을 팔다가 발견했습니다. 역에서 걸어서 150m도 안 되는 곳에 있는 초역세권 땅이었고, 동쪽으로는 6m 도로를, 북쪽으로는 3m의 막다른 도로를 끼고 있는 너무 작지도 크지도 않은 반듯한 땅이었습니다. 앞으로는 불광천이 흐르고, 뒤로는 야트막한 산이 있는 나름 배산임수의 땅이기도 합니다.

초역세권에 북도로를 끼고 있어 상가주택을 지으면 수익이 안 날 수가 없었습니다. 게다가 이곳은 서부선과 고양선 호재가 있는 곳이기에 미래 가치도 매우 좋아보였습니다. 이 땅을 처음 봤을 때도 제가 항상 묻는 질문 두 가지를 했습니다.

"명도 되나요?"

세입자 없이 주인만 사는 단독주택이라서 쉽게 명도가 가능했습니다.

"혹시 잔금 전에 멸실 가능한가요? 저희가 신축을 해야 하는데 취득세 때문에 그러거든요."

제가 땅을 구할 당시만 해도 다주택자 취득세 중과 예외 조항이 없었기 때문에 멸실 후 잔금을 치르는 게 유리했습니다. 그런데 이 땅은 매도인이 잔금까지 받아야 이사 갈 집을 살 수 있어서 애초에 잔금 전 멸실은 안 된다고 했습니다. 워낙 초역세권에 있는 땅이라 다주택자 취득세 12%를 더하면 싼 가격은 아니라서 망설여졌습니다.

이러한 사정을 공인중개업소 실장님께 솔직히 말하니 "취득세만큼 깎아줄게요"라고 쿨하게 말해주셨습니다. 저는 기껏해야 500만 원쯤 깎아주실 거라고 생각해서 취득세에 비하면 너무 작은 금액이라 별로 기대는 하지 않고 있었습니다. 그런데 웬걸! 8,000만 원을 깎아주신답니다.

그래서 알겠다고 계약 의사를 전했더니, 매도인이 잔금을 치르고도 한 달 이상 더 살겠다고 했습니다. 매도인이 이사 갈 집이 증축해야 하는 상황이라 한 달 이상이 걸린다더군요. 잔금을 치르고 며칠 정도야 상관없겠지만 잔금을 치르고 한 달 내에 멸실하지 않으면 토지 대출을 받을 수가 없었습니다. 정말 아쉽지만 이 집을 포기했습니다.

이 집은 다른 쪽 공인중개사를 통해 컨택한 건축업자도 있었습니다. 건축업자는 이와 같은 사정에도 불구하고 대출 없이 가져가겠다고 했답니다. 역시 업자는 이길 수가 없구나 하는 생각이 들더군요.

놓쳤던 땅에 다시 한번 기회가

그렇게 이 땅을 잊고 다른 땅들을 열심히 찾아보던 중 몇 주가 지나 공인중개업소에서 다시 전화가 옵니다. 혹시 다른 땅을 소개시켜주려나 하는 생각으로 전화를 받았습니다.

"그 땅 아직도 관심 있어요? 매도인이 이사 가려던 집이 파투가 나서 다시 알아보는 중이거든요."

사정을 들어보니 매도인이 이사 가려고 했던 집 쪽에 더 높은 가격으로 사겠다고 한 사람이 있어서 그쪽 계약이 진행되지 않았다고 합니다. 그래서 매도인이 다른 집을 알아보았고, 새로 알아본 집은 도배 정도만 하면 되어서 잔금을 치르고 일주일 정도만 더 살면 나갈 수 있다고 합니다. 그렇다고 해도 업자에게 팔 수도 있는데 왜 저에게 다시 전화를 준 걸까요? 공인중개업소 실장님이 제 쪽에 적극적이었던 이유를 숨기지 않으셨던데요.

"이거, 내가 수수료 다 먹으려고 그러죠. 업자랑 하면 다른 부동산이랑 수수료 나눠야 하거든. 무슨 말인지 알죠?"

마침 저도 소유한 부동산 중 월세를 전세로 전환해서 내놓은 물건이 있었는데 이날 보러온 사람이 바로 가계약금을 넣었길래 그 돈으로 믿고 계약해버렸습니다. 그렇게 그 땅은 저희에게 왔습니다. 계약하고도 혹시나 대출이 잘 안되면 어쩌나 등의 불안한 마음이 들었지만 이제는 어쩔 수 없으니 어떻게든 되겠지라는 마음으로 그 후 일정을 한 단계, 한 단계 밟아나갔습니다.

계약 전에 챙겨야 할 것들

계약하기 전에 대출이 대략 얼마가 나오는지 은행에 주소를 주고 물어봅니다. 보통 감정평가액의 80%가 나온다고 하는데 이 동네는 조금 덜 나와서 75%가 나온다고 하네요. 어쨌든 대출이 나오긴 나오는구나 안심합니다.

다음으로 중도금, 잔금 날짜와 비율을 어떻게 할지 조율하고, 어떤 특약을 넣을지 탐색해 부동산 사장님과 미리 이야기를 합니다. 저는 집주인만 사는 집이라 명도가 필요 없어 잔금까지의 기간을 짧게 잡았는데, 잔금 전까지 처리해야 할 일(설계 및 건축허가 신청)이 많아서 좀 힘들었습니다. 잔금까지는 최소 3개월 이상 잡으시길 바랍니다.

보통 잔금 전 멸실을 하는 경우 중도금 비율을 높게 잡습니다. 매도인의 불안감을 줄이기 위해서죠. 반대로 매수인은 잔금 때 토지 대출금이 나오니 최대한 잔금을 많이 하기를 바랍니다. 저는 잔금 전 멸실을 하는 경우가 아니지만, 매도인이 중도금을 받아 이사 갈 집의 중도금을 치러야 해서 중도금을 어느 정도 드려야 했습니다. 그래서 계약금 10%, 중도금 30%, 잔금 60%로 지급 스케줄을 정했습니다.

특약은 빼먹지 말고 기재하자

다음으로 특약으로 넣어야 할 사항을 부동산에 미리 말씀드립니다. 세입자가 있고 명도가 덜 된 경우에는 '명도는 매도인의 책임으로 하며, 명도가 안될 시 위약금 없이 계약을 취소하기로 한다'는 내용을 특약에 기재해야 하지만, 저는 명도 이슈가 없어 이 부분을 뺐습니다. 실제 제가 넣은 특약은 다음과 같습니다.

[특약사항]
1. 현 상태에서의 매매계약이며, 본건은 등기부등본 등 공부상의 면적을 기준으로 한 매매이며, 향후 실측 면적과 공부상의 면적에 차이가 발생하더라도 매수인 및 매도인은 일체 이의를 제기하지 않도록 한다.
2. 잔금 시까지 각종 공과금 및 정화조 처리비용은 매도자 부담으로 한다.
3. 잔금 전 매수인 명의가 변경될 수 있으며 매도인은 이에 동의한다. 단 계약 후

30일 전이며 매수인과 이해관계에 있는 명의자로 한정한다.

4. 매도인은 잔금 전 신축 인허가에 필요한 서류(토지사용승낙서에 인감 날인 및 인감 증명서 첨부)를 제공 및 협조해주기로 한다. 단, 건축에 필요한 모든 인허가 사항은 매수인 책임으로 한다.

5. 매수인은 매도인이 원하는 내외부 시설물 및 수목에 대해 퇴거 시 반출할 수 있도록 승낙하기로 한다.

6. 매도인은 잔금 수령 후 **년 *월 *일까지 퇴거하기로 한다.

7. 본 특약사항에 기재되지 않은 사항은 민법상 계약에 관한 규정과 부동산 매매 일반관례에 따른다.

3번의 경우 계약은 제 개인 명의로 했지만, 혹시나 잔금 전에 법인 명의로 바꿀 수도 있어서 넣은 조항입니다. 특히, 4번이 가장 중요한데, 이 특약을 넣지 않는 경우 잔금 전에 신축을 위한 건축허가나 철거에 절대 협조하지 않는 매도인들도 있습니다. 제 경우 잔금 때 토지 대출을 받아야 하고, 대출 조건으로 건축허가 신청 및 신축판매업 사업자가 필요했고, 신축판매업도 건축허가 관련 서류를 요청할 수 있어 이 규정이 꼭 필요했습니다. 5번은 구옥에 심어져 있는 감나무를 가져가신다고 해 흔쾌히 오케이한 내용입니다. 6번은 잔금 때가 아니라 잔금 후에 매도인이 나가기에 넣은 규정입니다.

계약 이후 챙겨야 할 것들

계약 이후에는 주택취득자금 조달계획서를 제출하고, 토지 사용 승낙서를 받아야 합니다. 주택취득자금 조달계획서는 솔직하게 적습니다. 자기자본에 예금액, 부동산 처분 금액 등을 적고, 차입금 등에 토지 대출로 받을 금액을 적습니다. 이 금액들에 대해서는 증빙자료를 제출해야 합니다. 예금액은 예금잔고증명을, 부동산 처분 금액은 관련 계약서를 첨부하면 되지만, 토지 대출은 아직 받기 전이기에 증빙자료가 아예 없습니다. 그럼 어떻게 해야 할까요? 이때는 '증빙서류 미제출 사유서'를 제출하면 됩니다. 저는 '제출 여부'에 X 표시한 후 미제출 사유에 '6월 주택 멸실 조건 토지 담보 대출 신청 예정'이라고 적어 냈습니다.

실전 건축
잔금 전 멸실과 취득세 중과 문제

신축할 땅을 보러 다니면서 공인중개업소 사장님께 가장 많이 물어본 질문이 "명도 되나요?" 그리고 그다음이 "잔금 전 멸실 가능한가요?"였습니다. '명도 여부'를 물어보는 것은 명도가 사실 가장 어렵기도 하고, 명도가 안 되면 토지 대출이 안 나오기 때문에 애초에 명도가 되는 물건을 구해야 하기 때문입니다.

'잔금 전 멸실 가능 여부'를 물어보는 이유는 세금 때문입니다. 그런데 이 '잔금 전 멸실'이라는 것은 공인중개업소 사장님도 잘 모르는 분이 많고, 매도인은 더더욱 잘 몰라 꺼려하는 경우가 많습니다.

잔금 전 멸실이 중요했던 이유

매수인이 잔금 전에 구옥을 멸실하려는 이유는 취득세 중과 때문입니다. 조정대상지역의 주택을 사는 경우 1주택자라면 1~3%, 2주택자는 8%, 3주택 이상 다주택자는 무려 12%의 취득세를 납부해야 합니다. 저는 3주택 이상 다주택자였기 때문에 주택 상태로 신축할 부동산을 매입하면 매매가의 12%라는 엄청난 취득세를 내야 했습니다. 매매가가 10억 원이라고 하면 1억 2,000만 원이나 취득세로 내야 하는 거죠(한편 정부는 2022년 12월 21일 취득세 중과 완화 보도자료를 발표했으나 2024년 1월 현재 아직 시행은 되지 않은 상태입니다).

조정대상지역			조정대상지역 외 지역		
1주택 / 일시적 2주택	2주택	3주택 이상	2주택 이하	3주택	4주택 이상
1~3%	8%	12%	1~3%	8%	12%

그런데 잔금 전에 멸실을 해 '토지' 상태로 매매하면 주택 수와 관계없이 주택 외 유상 취득세 4%만 내면 됩니다. 따라서 3주택 이상 다주택자는 토지 상태로 매매하면 유리한 거죠. 그러나 이 '잔금 전 멸실'이라는 게 사실상 쉽지는 않습니다. 매도인 입장에서는 잔금도 치르기 전인데 내 집이 철거되기 때문입니다. 내 집은 잔금 전에 철거가 되었는데 어떤 사정이 생겨서 매수인이 잔금을 못 낸다고 하면 내 집은 사라지고 잔금도 못 받는 극단적인 상황이 생길 수도 있으니까요. 다르게 보면 매도인 입장에서는 불안한 게 당연한 것일 수도 있습니다.

또 하나의 큰 이유는 매도인이 1세대 1주택 비과세 요건에 해당하는 경우입니다. 매도인은 주택 상태로 양도를 해야 양도세 비과세를 받을 수 있거든요. 그냥 토지 상태로 매도하면 1세대 1주택 비과세를 받지 못하기 때문입니다.

유권해석이 바뀌었다

얼마 전까지만 해도 신축을 위한 매도·매수 시 잔금 전 멸실 또는 용도변경이 빈번했습니다. 특약을 넣으면 잔금일을 기준으로 매도인이 1세대 1주택 비과세를 받을 수 있었기 때문입니다. 취득세가 적용되는 취득 시기는 '잔금 지급일' 기준이라서 잔금 전에 토지 상태이거나 상가로 용도변경을 하면 주택 외 유상취득에 해당하는 취득세율(4%)이 적용되었습니다. 한편, 양도소득세가 적용되는 양도일은 '대금을 청산한 날' 기준인데, 기존 유권해석에 따르면 특약으로 잔금 전 멸실(또는 용도변경)을 써놓는 경우 1세대 1주택 비과세 판정 기준일은 '매매계약일 현재'가 됩니다(부동산거래관리과-977, 2010. 07. 27). 따라서 잔금 전 구옥을 멸실해도 매도인은 매매계약일 현재 주택인 상태로 양도세 비과세를 받을 수 있었습니다.

그런데 최근 유권해석이 바뀌었습니다. 매매계약 당시 주택이었고, 특약에 따라 잔금일 전에 해당 주택을 상가로 용도변경한 경우 양도일(잔금 청산일)을 기준으로 판단한다고 했습니다. 즉 계약 당시 주택이었더라도 잔금일 전에 상가로 용도변경했다면 양도일(잔금청산일)에는 상가에 해당하므로 1세대 1주택 비과세를 적용받지 못하게 된 것입니다.

주택에 대한 매매계약을 체결하고, 그 매매특약에 따라 잔금청산 전에 주택을 상가로 용도변경한 경우 2022. 10. 21 이후 매매계약 체결분부터 양도일(잔금청산일) 현재 현황에 따라 양도물건을 판정함.

(사전-2021-법규재산-1525, 2022. 11. 09)

또한 매매계약 당시 주택이었으나 잔금일 전 멸실하는 경우에도 토지의 양도로 보아 비과세가 적용되지 않는다고 유권해석이 변경되었습니다.

매매특약에 따라 잔금청산 전에 주택을 멸실한 경우 양도물건의 판정기준일은 양도일(잔금청산일)이며, 2022. 12. 20 이후 매매계약을 체결한 분부터 적용함.

(서면-2021-법규재산-1587, 2022. 12. 21)

따라서 1주택 비과세 해당 매도자를 이 방법으로 설득하는 것은 불가능해졌지만, 혹시 다른 경우로 잔금 전 멸실이나 용도변경을 설득해야 한다면 중도금을 좀 더 많이 드리는 것도 한 방법입니다.

취득세법 개정은 반가웠지만 현실에서는

주변에 잔금 전 멸실을 한 분들도 왕왕 계셨지만, 실제로는 잔금 전 멸실을 꺼리는 매도자분들이 많았습니다. 그래서 그냥 취득세 12%를 다 내더라도 수익이 날 수 있는 땅이라면 그냥 사자라고 생각했습니다.

그런데 제가 땅을 계약하고 잔금을 치르기 전 사이에 법이 바뀌어 주택신축판매 사업자로 등록하면 취득세 중과가 안 된다는 말을 들었습니다. 다주택자로서 신축 사업의 큰 걸림돌이 하나 사라지는 것이었지요.

2021년 4월 27일에 관련 법령(지방세법 시행령 제28조의2 제8호)이 개정, 신설되었습니다. 이에 따르면 주택신축판매업 사업자 등록을 하고, 멸실시킬 목적으로 취득하는 주택에 대해서는 취득세 중과가 되지 않습니다. 단, 취득일로부터 1년 내 해당 주택을 멸실해야 하고, 3년 내 신축해 판매해야 합니다.

즉, 다주택자도 신축사업을 하는 데 있어 불리한 점이 사라진 것입니다. 이제 취득세 중과 12%를 피하기 위해 구축 매입 전에 잔금 전 멸실이나 용도변경을 하지 않아도 됩니다. 잔금 전에 구옥을 멸실하면 토지 취득세 4%만 내면 되기 때문에 멸실 가능한 토지를 위주로 찾게 되었던 것인데, 이제 주택 상태로 취득해도 3%만 내면 되므로 오히려 구축 상태로 매입하는 게 더 유리하게 된 것입니다.

개정된 규정으로 잔금 전 멸실보다 구옥 상태로 취득하는 것이 취득세에 더 유리함에도 불구하고 앞에서 잔금 전 멸실에 대해 열심히 설명한 이유는 앞의 규정은 '신축 사업자'일 때만 해당되기 때문입니다. 만약 상가주택을 지어서 파는 것이 아니라 가져가실 생각이라면(즉 건설임대사업자를 내실 거라면), 또는 매도할지 가져갈지 아직 모르겠다 하는 분이라면 잔금 전 멸실이 유리할 수도 있습니다.

개인적으로는 이번에 매입한 구옥에 대해 다주택자 취득세 중과가 12%나 돼서 매입가가 너무 비싸진다며 원래 가격에서 8,000만 원을 디스카운트 받았는데 취득세 중과까지 피해가게 되어서 더 저렴하게 구입하게 되었습니다.

하지만 현실에서는 그렇게 쉽게 진행되지 않았습니다. 사업지 세무서는 신축판매업 사업자 신청을 할 때도 필요 서류 안내를 잘 못해주더니, 구청도 취득세의 바뀐 법의 적용에 대해 모르고 있었습니다. 잔금을 처리하고, 소유권 변경 등기를 하러 간

법무사님께 전화가 왔습니다.

"구청에 취득세를 내러 왔는데요, 신축사업자 코드가 나오는 증명서를 세무서에서 받아오라는데요?"

"사업자등록증을 들고 갔잖아요. 왜요?"

"사업자등록증에는 코드가 나오지 않아서 뭔지 모른다고 하네요. 그런데 그 필요하다는 코드 나오는 증명서가 뭔지는 자기들도 모른대요."

이게 뭔 말인지, 바로 세무사에게 전화해서 물어봤더니 황당해합니다. 그런 증명서가 있는지도 모르겠거니와 필요한 서류가 있으면 그 서류가 뭔지 그쪽에서 정확히 말해줘야지 모른다고 하면 어쩌라는 거냐는 겁니다. 일단 세무사가 홈텍스에 들어가 '사업자 기본사항 조회'를 해 사업자 코드가 적힌 화면 하나를 캡처해줍니다. 여기에 업종코드가 나오니 이걸로 되는지 물어보라고 합니다.

다시 법무사에게 전화가 왔는데 이번엔 그 코드는 취득세 중과 제외를 받을 수 있는 신축사업자 코드가 아니라고 한답니다. 구청에서 자기들끼리도 코드를 보고 의견이 분분하다며 코드가 이게 아니라는 말부터 해서 제대로 아는 사람이 없나 봅니다.

왜 이런 일이 벌어진 것인지, 나는 분명 신축사업자를 제대로 냈는데 왜 취득세 중과 제외 해당이 안 된다고 하는 건지 혼돈에 빠졌습니다. 아무도 제대로 모르고 시간만 흘러 구청에서는 일단 중과가 안 되는 걸로 취득세를 끊어주고, 자기들이 다음 날까지 확인한 후 처리하겠다고 했습니다. 결론적으로 취득세 중과는 되지 않았고, 농특세까지 환급받았습니다. 이제 3년 안에만 매도하면 취득세 중과는 없습니다.

등기하고 취득세를 내면서 이렇게 법무사님과 여러 번 통화하고 서로 어려움을 토로한 건 또 처음입니다. 법이 바뀐 지 얼마 되지 않은 경우 공무원도 법 적용에 혼동이 있을 수 있으니 이런 경우 세무사, 법무사 등 전문가와 함께 협의해 풀어나가시길 바랍니다.

사업자등록은
뭘로 할까

주택을 신축하기 위해서는 주택신축판매업 또는 건설임대사업자를 내면 됩니다. 연간 20호 이상 건설 시 주택건설업을 낼 수도 있지만 조건이 조금 까다롭기에 여기서는 설명을 생략하겠습니다.

지어서 팔 생각이면 주택신축판매업을, 계속 보유할 거라면 건설임대사업자를 내면 됩니다. 주택신축판매업의 경우 다주택자 취득세 중과를 피하려면 3년 내 팔면 되고, 건설임대의 경우 10년을 임대해야 하니 자신의 상황에 맞는 사업자를 선택하시면 됩니다. 저는 지어서 팔 생각이므로 '주택신축판매업'으로 신축을 진행했습니다.

주택신축판매업

주택신축판매업은 주택을 건설해 판매하는 사업으로 건설업에 해당합니다. 취득세 중과 배제, 종부세 합산 배제, 주택 수 불포함 등의 혜택이 있습니다. 건물 건설업은 업종코드가 451101~451109까지고, 이 중 주거용 건물 건설업은 451101, 451102, 451103, 451105, 451106, 451107입니다.

국세청의 건설업 업종 분류 코드

코드	세분류	세세분류	세부 설명
451101	주거용 건물 건설업	아파트 건설업	−
451102	주거용 건물 건설업	주거용 건물 건설업	주거용 건물을 신축해 판매 (토지 보유 5년 미만)
451103	주거용 건물 건설업	주거용 건물 건설업	주거용 건물을 신축해 판매 (토지 보유 5년 이상)
451105	주거용 건물 건설업	단독주택 건설업 아파트 건설업 기타 공동주택 건설업	주거용 건물을 건설해 분양(판매)
451106	주거용 건물 건설업	단독주택 건설업	단독주택 및 다가구주택 등
451107	주거용 건물 건설업	기타 공동주택 건설업	다세대주택, 연립주택 등

출처 : 2022년 귀속 기준경비율·단순경비율, 국세청

주거용 건물을 신축해 판매하는 경우 토지 보유 5년 미만인 경우에는 451102, 토지 보유 5년 이상인 경우에는 451103에 해당합니다. 직접 건설 활동을 수행하지 않고 전체 건물건설 공사를 일괄 도급해 주거용 건물을 건설하고 이를 판매하는 것으로 '건축 시행사'가 여기 해당합니다. 저는 건축주로서 토지를 보유한 지 5년 미만으로 다중주택을 지을 예정이며, 제가 직접 시공하지 않고 시공사에 일괄 도급을 주고, 제가 판매하는 경우기에 451102에 해당합니다. 건설임대사업자라거나, 다세대라거나 상황이 다르면 코드가 다를 수 있으니 정확한 업종코드는 세무사와 세무서 담당자에게 문의하시길 바랍니다.

451105는 단독주택, 아파트, 기타 공동주택을 건설해 분양(판매)하는 경우입니다. 직접 건설 활동을 수행하지 않더라도 건설 공사에 대한 총괄적 책임을 지면서 하도급을 주어 전체적으로 건설공사를 관리하는 경우를 포함합니다.

여기서 451102, 451103과 451105가 조금 헷갈리는데, 451102와 451103은 건설 활동을 수행하지 않고 일괄 도급으로 건설 판매하는 시행사에 적용하는 것이고, 451105는 토지 보유 연수와 관계없이 직접 건설 활동을 수행하지 않더라도 건설공사에 대한 총괄적 책임을 지면서 하도급을 주어 전체적으로 건설공사를 관리하는 경우입니다(출처 : 국세청 국세상담센터).

451106은 단독주택 건설업입니다. 여기의 단독주택에는 다중주택과 다가구주택도 포함됩니다. 유의할 점은 직접 건설한 주거용 건물을 임대하는 경우에는 여기 해당하지 않고 부동산업 701101~701104에 해당하며, 주거용 건물을 건설해 분양하거나 판매하는 경우도 여기에 해당하지 않고 451105에 해당합니다.

사업자 업종코드와 표준사업분류코드

사업자등록 신청을 할 때는 사업자 업종코드를 쓰게 되어 있습니다. 그런데 취득세를 내러 갔을 때 등 표준사업분류코드를 물어볼 때가 있었습니다. 따라서 자신이 해당하는 사업자코드의 표준사업분류코드도 알아놓으면 좋습니다. 홈텍스에서 "업종코드-표준산업분류 연계표"를 다운로드받을 수 있습니다. 업종코드 451102는 표준산업분류코드로는 68121에 해당하네요. 업종코드에서는 건설업인데 표준산업분류에서는 부동산업입니다.

업종코드와 10차 표준산업분류 연계표

구분	구분	대분류	중분류	소분류	세분류	세세분류
2023년 귀속 업종코드	451102	건설업	종합건설업	건물건설업	주거용 건물 건설업	주거용 건물 건설업
표준 산업분류	68121	부동산업	부동산업	부동산 임대 및 공급업	부동산 개발 및 공급업	주거용 건물 개발 및 공급업

다주택자 취득세 중과 배제

주택신축판매업자가 사업 목적으로 취득하는 주택에 대해서는 다주택자도 취득세가 중과되지 않습니다. 단, 취득일로부터 1년 내 멸실, 3년 내 판매해야 합니다. 2021년 7월 구옥을 취득한 저의 경우 3주택자지만 주택신축판매업 사업자니까 취득세 12%를 안 내고 3%만 냈는데 취득 후 1년 내 구옥 철거를 안 하거나, 3년 내 신축한 집을 팔지 않으면 그때 취득세 중과를 맞게 되는 겁니다.

그런데 2022년 2월 21일 취득세 중과 완화안이 발표되어 이에 따라 법이 개정된다면 3년 내 팔지 못했을 때 취득세 중과가 되는 부담이 조금은 경감될 것 같습니다. 3년이라는 시간은 길다면 길고, 짧다면 짧은 시간입니다. 구옥을 사서 철거하고, 집을 짓기까지 수개월이 걸릴 것이고, 수익형 주택은 덩치가 크고 수요자도 한정적이다 보니 매도에도 오랜 시간이 걸릴 수 있습니다. 공인중개업소에 매물을 내놓았다는 기록, 중개사가 그 집을 사람들에게 보여줬다는 기록 등을 남겨 내가 이 집을 일부러 안 팔고 놔둔 것이 아니라 사는 사람이 없어서 못 판 것이라는 관련 내용을 남겨두길 바랍니다. 이 방법으로 취득세 중과가 유예된다는 보장은 없지만 혹시 모르니 하나의 보조적 수단으로 대비해놓으면 좋을 것 같습니다.

종부세 합산 배제

주택신축판매업의 주택은 종부세 합산 배제가 되지만, 기존 규정은 1년 이상 거주한 주택은 합산 배제 대상에서 제외하고 있었습니다. 즉, 주택의 일부라도 임대를 주면 1년 후에는 종부세를 내야 했습니다. 그러나 2022년 7월 관련 법령이 개정되어 거주 여부를 불문하고, 즉 임차인을 받아도 5년까지는 종부세가 합산 배제되는 것으로 바뀌었습니다(종합부동산세법 시행규칙 제4조).

판매 처분 소득은 종합소득세로 과세

임대사업자가 임대 주택을 처분하는 경우 양도소득세를 내지만, 주택신축판매업자는 임대 수익과 판매 처분 수익에 대해서 종합소득세로 과세됩니다. 법인의 경우에는 법인세로 과세됩니다. 단기 보유의 경우 양도소득세가 중과되는 임대사업자보다 사업소득이나 법인세가 유리합니다.

부가가치세 과세 및 환급

주택신축판매업은 면세와 과세가 있습니다. 면세는 부가가치세를 내지 않고, 과세는 부가가치세를 냅니다. 주택은 국민주택규모 85㎡ 이하는 면세, 85㎡ 초과는 과세입니다.

다가구주택이나 다세대주택은 가구당 전용 면적을 기준으로 국민주택 초과 여부를 산정하고, 단독주택과 다중주택은 전체 면적 기준으로 산정합니다. 다중주택의 경우 대부분 84㎡ 이상이므로 과세로 건설용역대금 등에 대해 부가세를 내고 매입세액공제를 통해 추후 환급받을 수 있습니다.

주택 수 포함 여부

양도소득세가 비과세되는 1세대 1주택을 판정하는 과정에서 주택신축판매업자의 판매용 재고 주택은 주거용 주택으로 보지 않습니다. 즉, 양도세 비과세 판정 시 주택 수에 포함되지 않습니다(사전-2020-법령해석재산-1094).

전세보증보험 가입 대상이 아님

주택신축판매업의 판매용 주택은 전세보증보험 가입 대상은 아닙니다. 그러나 요건을 충족하는 경우 보증보험을 가입할 수는 있습니다. 실제로는 신축판매업 사업자의 경우 보통 근저당이 많아서 보증보험 가입이 안 되는 경우가 많습니다.

보증보험을 안 들어도 되니 좋다고 생각했으나, 실제 임대 진행 시 보증보험 가입이 안 된다고 하면 불안해서 전세 계약을 하지 못하겠다는 사람이 많기 때문에 현실에서 유리한 규정은 아닌 것 같습니다.

개인사업자 vs 법인사업자

주택신축판매업은 개인사업자로도 낼 수 있고, 법인사업자로도 낼 수 있습니다. 법인사업자의 경우 정관의 목적사업에 주택신축판매업이 들어 있어야 주택의 구입이 사업상 재화로 인정받을 수 있습니다. 법인의 경우 경비처리에 있어 유리한 면이 있지만, 법인으로 진행하다 3년 안에 못 팔면 취득세는 주택 수와 상관없이 12%로 중과되고, 5년 후 종부세는 공제 없이 과세되므로 이 점에 유의하시길 바랍니다.

건설임대사업

건설임대사업이란 주택을 신축해 임대사업자로 등록하는 것을 말합니다. 건설임대사업자가 지은 주택은 민간건설임대주택이 되고 이는 임대사업자가 임대를 목적으로 건설해 임대하는 주택입니다. 지어서 팔지 않고 보유하는 경우에는 주택신축판매업이 아닌 '건설임대사업'을 내야 합니다.

건설임대사업자는 소유권 보존등기 이전까지 등록해야 합니다. 신축할 때는 신축판매업으로 등록했다고 해도 마음이 바뀌어 계속 보유하고 싶다면 보존등기 전까지 사업자를 바꾸면 됩니다. 취득세 감면, 재산세 감면, 종부세 합산 배제, 거주주택 비과세 특례, 양도소득세 중과 배제, 장기보유 특별공제 특례 등의 세제 혜택이 있습니다.

취득세 감면

신축을 하기 위해 구옥을 살 때 주택신축판매업은 다주택자 취득세 중과 배제가 있는 반면, 건설임대사업에는 없습니다. 주택 수에 따라 취득세가 중과됩니다. 그러나 신축 후 보존등기 시 원시 취득세(2.8%)는 요건 충족 시 감면받을 수 있습니다. 취득세 감면은 공동주택을 신축해 건설임대주택으로 등록한 경우만 가능하며, 2024. 12. 21까지 한시 혜택입니다. 공동주택에 대해 혜택을 주기 때문에 공동주택이 아닌 단독주택, 다중주택, 다가구주택은 취득세 감면을 받을 수 없습니다.

전용면적 60㎡ 이하 1호 이상은 취득세가 면제되고, 전용면적 60㎡ 초과~85㎡ 이하 20호 이상은 50% 경감됩니다. 가액요건은 없고 10년 이상의 의무 임대 기간을 준수해야 합니다. 5% 임대료 증액 제한을 준수하고 지자체에 임대 등록도 해야 합니다(**지방세특례제한법 제31조**).

재산세 감면

재산세 감면의 경우 취득세와는 달리 공동주택뿐만 아니라 다가구주택, 오피스텔도 가능합니다. 따라서 다가구주택의 경우 취득세 혜택은 못 받지만, 재산세 감면 혜택은 받을 수 있습니다. 공동주택 및 오피스텔은 2세대, 다가구주택은 1호 이상이면 가능합니다.

2024. 12. 31까지 전용면적에 따라 재산세 감면이 가능합니다. 전용면적 40㎡ 이하는 재산세가 면제되고, 40㎡ 초과~60㎡ 이하는 75%, 60㎡ 초과~85㎡ 이하는 50% 경감됩니다. 다가구는 모든 임대호수 전용면적이 40㎡ 이하여야 하며, 주인세대에 직접 거주하며 나머지 호실만 임대하는 경우에는 임대 호실에 대해 재산세 감면이 가능합니다. 공동주택은 주택공시가격 9억 원(**수도권 외 3억 원**) 이하여야 합니다. 10년 이상의 의무 임대 기간을 준수해야 하며, 5% 임대료

증액 제한을 준수하고 지자체에 임대 등록도 해야 합니다(지방세특례제한법 제31조 의3).

종부세 합산 배제

모든 주택 유형에 대해 종부세 합산 배제가 가능하나, 2호 이상 임대해야 합니다. 따라서 다가구주택의 경우에도 가능하고, 다중주택의 경우 한 채가 1호이므로 2채 이상을 지어야 이 규정에 의해 종부세 합산 배제 혜택을 받을 수 있습니다.

전용면적 149㎡ 이하여야 하며, 임대 개시일 당시 기준시가 9억 원 이하여야 합니다. 세대별, 호수별로 판정하므로 대세대는 한 세대가 9억 원 이하, 다가구는 호수별로 9억 원 이하면 됩니다. 지자체와 세무서에 임대사업자를 등록해야 하며, 10년 이상의 임대 기간과 5% 임대료 증액 제한을 준수해야 합니다(종합부동산세법 시행령 제3조)

거주주택 비과세 특례

일정 요건을 충족한 건설임대주택과 거주주택 1주택을 소유한 자가 해당 거주주택(2년 이상 거주한 주택)을 양도할 경우에는 1개의 주택을 소유하고 있는 것으로 보아 1세대 1주택 비과세를 적용합니다. 모든 주택 유형에 대해 가능하며, 2호 이상 임대해야 합니다. 전용면적 149㎡ 이하, 임대 개시일 당시 기준 시가 6억 원 이하여야 합니다. 지자체 및 세무서에 임대사업자로 등록해야 합니다(소득세법시행령 제155조 제20항)

양도소득세 중과 배제

일정 요건을 충족한 건설임대주택을 의무 임대 기간(10년)이 경과한 후 양도

하는 경우 양도소득세 중과 배제가 가능합니다. 모든 주택 유형에 가능하며, 2호 이상 임대해야 합니다. 대지면적 298㎡ 이하, 연면적 149㎡ 이하여야 합니다. 임대 개시일 당시 기준 시가 6억 원 이하여야 합니다. 지자체 및 세무서에 등록해야 하며, 10년 이상 임대 기간 준수와 5% 임대료 증액 제한을 준수해야 합니다(소득세법 시행령 제167조의3 제1항 제2호)

장기보유특별공제 특례

일정 요건을 충족한 건설임대주택을 10년 이상 임대하고 양도하는 경우 임대 기간 중 발생하는 양도 차익에 대해 70%의 장기보유특별공제율을 적용합니다. 모든 주택 유형에 가능하며, 1호 이상 임대하면 가능합니다. 전용면적 85㎡ 이하여야 합니다. 임대 개시일 당시 기준 시가 6억 원(수도권 밖은 3억 원) 이하여야 합니다. 2024. 12. 31까지 지자체 및 세무서에 등록해야 합니다(조세특례제한법 제97조의3)

임대보증보험 가입 의무

주택건설임대사업의 경우 세금 혜택이 많지만, 주택임대보증보험에 의무적으로 가입해야 합니다.

사업자등록
신청하는 방법

잔금 대출을 받으려면 주택신축판매업 사업자등록증이 필요했습니다. 그래서 아직 본격적으로 사업 활동을 하기 전이고 건축허가도 받기 전이지만 주택신축판매업을 신청했습니다.

필요 서류를 잘 챙기자

인터넷에서 '주택신축판매업' 사업자 신청 필요 서류를 검색하면 다음과 같은 서류가 필요하다고 나옵니다.

1. 사업자등록 신청서
2. 사업현장 등기부등본 또는 매매 계약서
3. 건축 인허가서
4. 건축도면

신청서야 쓰면 되고, 등기부등본은 아직 잔금 전이므로 없어서 대신 매매계약서를 내면 되는데, 아직 한창 설계 중이라서 건축인허가서가 없습니다. 건축도면도 그리는 중이라서 없습니다. 과연 이 상태로 주택신축판매업 신청이 가능할까요? 집에서 미리 신청서를 쓰고, 업종코드도 알아두긴 했지만 혹시 모르니 물어보려고 비워두고 민원창구에 주택신축판매업 사업자 신청을 하러 왔다고 신청서를 내밀었습니다. 그런데 무얼 짓는지 등 아무런 질문도 하지 않고 "건축허가서가 없으면 안 됩니다. 구청에서 주는 서류가 있어야 해요"라고 했습니다. 무슨 서류가 필요하냐고 물으니 "그건 저희는 모르죠. 구청에 물어보세요"라더군요. 아니, 제출하는 곳이 세무서인데 세무서에서 무슨 서류가 필요한지 모르면 어쩌란 말이죠? 황당했지만 알았다고 하고 일단 후퇴했습니다. 여기저기 물어보니 예전에는 매매계약서와 신분증만 있으면 주택신축사업자를 내줬는데 요즘은 허가도면도 요구하는 등 더 까다로워졌다고 합니다.

다른 세무서를 통해 접수하다

국세청에 문의하면 필요 서류를 더 정확히 안내받을 수 있을까 해서 국세청 콜센터에 전화했습니다. 업종코드도 불러주면서 주택신축판매업 사업자에 필요한 서류를 안내해달라고 했죠. 그런데 처음 들어보는 주택협회에 등록해야 하고, 등록증이 필요하다고 안내해줍니다. 건축허가증과 허가도면도 준비해야 한다고 했습니다. 궁금증이 많았지만 콜센터에서는 알고 싶은 정보를 전혀 얻을 수 없었습니다.

사업지의 세무서는 창구 직원의 안내가 부족해 다른 세무서에 가서 접수를 하기로 마음먹었습니다. 다른 세무서에 가니 똑같이 신청서, 계약서, 신분증만 가져갔는데 정말 아무 문제 없이 접수를 받아줬습니다. 물론 접수만 해준 것이고 결국 사업지 담당 세무서에서 받아들여져야 하지만, 접수가 받아들여진 것만으로도 반은 성공한 것 같았습니다.

마음 졸인 끝에 사업자등록증이 나오다

얼마 지나지 않아 사업지 세무서에서 전화가 왔습니다. 전화한 분도 최종 담당자는 아니고 민원 담당자인 듯했지만, 처음 민원창구의 직원과는 달리 어떤 사업인지 물어보고 내가 적은 코드가 맞는지도 다시 한번 알아보고 확인해주었습니다. 서류도 허가도면이 아니더라도 가도면으로 가능하며, 최종적으로 담당자가 필요 서류에 대해 다시 연락할 거라고 친절하게 안내해줬습니다.

바로 담당자의 전화도 왔습니다. "건축허가를 받기 전인데 사업자를 왜 미리 내시려는 거죠?"라고 물으셔서 솔직하게 "잔금 대출을 받아야 하는데, 그때 사업자등록증이 필요하다"고 말씀드리니 알겠다고 이해해주었습니다. 일단은 지금까지 된 가도면과 간단한 확인서(사업 당사자가 맞고, 허가 전 사업자를 신청하는 이유를 기재)를 팩스로 보내주면 사업자를 내주고 사후관리로 처리하겠다고 했습니다. 나중에 건축허가가 들어가면 접수증을 송부하고, 허가가 나오면 허가증을 송부하면 된다고 했습니다.

드디어 '주택신축판매업' 사업자등록증이 나왔습니다. 지금 생각해보면 제가 처음 사업자 세무서를 찾아간 날이 부가세신고 마지막 날이라서 창구가 엄청 정신 없었던 것 같습니다. 하필 그런 날 찾아가서 더 안내를 못 받았던 것 같기도 합니다. 하지만 아무리 민원 창구의 직원이라고 해도 관련 서류를 좀 더 확인하고 자세한 안내를 해주었으면 좋았을 거라는 아쉬움이 짙게 남습니다. 그랬다면 관할 세무서가 아닌 다른 곳으로 돌고 돌아서 신청하지 않아도 되었을 테니까요.

확인서

본인은 주택신축판매업을 위해 ○○동 ○-○○을 매매 계약한 실소유주 및 실사업자입니다. 대출 관련해 사업자 등록이 필요한데, 현재 건축 설계 진행 중으로 건축허가까지는 시일이 소요되어 미리 사업자를 신청합니다. 건축허가증이 나오면 추후에 송부하겠습니다.

○○○ (인)

상가주택의 이름을 짓고 상표권 등록하기

저의 주택신축판매업 사업자와 상가주택의 이름은 '벨템포(Beltempo)'입니다. 한글 이름도 예쁜 게 많지만, 남편이 이탈리아 건축사라 이탈리아어로 이름을 지어보고 싶었어요. 'Bel'은 '아름다운'이라는 뜻이고 'Tempo'는 '시간, 시절'이라는 뜻이에요. 합쳐서 'Beltempo'는 '좋은 시절', '아름다운 시절'이라는 뜻이 됩니다.

지금 짓고 있는 집이 새절역 근처에 있는데, 새절역의 '새절'은 원래 'New Temple(신사)'의 뜻이기는 하지만, 저는 저 나름대로 나의 삶을 시작하는 '새 시절', 내 삶의 '좋은 시절'이라는 의미로 해석해봤어요. 이 집에 사는 사람들에게 좋은 시절, 아름다운 시절이 되었으면 하는 마음에서요.

사업자명을 짓고 내친김에 상표권 등록까지 해버렸어요. 돈이 드는 일이라서 망설였지만 사업을 확장할 수도 있고, 나중에 우리 법인에 팔아도 되고요. 상표권 등록은 셀프로도 할 수 있지만 오래 걸리기도 하고 처음이라서 업체에 맡겼습니다. 인터넷에 '상표권 등록'을 검색하면 비대면만으로도 가능한 업체들도 있어요. 다른 건 업체에서 다 알아서 해주기 때문에 어떤 상품류로 받을 것인지와 사업계획서 작성 정도만 신경 쓰면 됩니다. 저는 비슷한 업종의 유명 업체들의 상표권을 검색해서 비슷하게 넣었어요. 상표권은 키프리스(www.kipris.or.kr)에서 검색할 수 있습니다.

레버리지의 마법,
대출 받아 활용하기

신축을 하고 싶어 온 서울의 단독주택, 다가구주택을 보러 다니긴 했지만, 신축의 프로세스를 알지 못하던 시절, 근처 동네에 매물로 나온 단독주택이 참 마음에 들었습니다. 50평 가까운 건물이 10억 원에 나와 있었어요. 북도로 땅은 아니었지만 앞에 엄청 넓은 도로가 있었고, 주변에 2층 이상까지 근생이 들어와 있는 건물들이 많았습니다.

저는 이때만 해도 고가 주택 매입 시 대출이 전혀 나오지 않는다고 생각하고 있었습니다. '이 집이 10억 원인데 나는 10억 원이 없으니 못 사네'라고만 생각했습니다. 그 매물이 팔리더니 5층짜리 도시형생활주택이 되었습니다. 매물로 꽤 오래 나와 있었는데, 이 매물을 놓친 것을 두고두고 아쉬워하며 이때 내가 멸실 조건부 토지 담보 대출에 대해 알았더라면 어땠을까 하고 생각하게 됩니다.

신축을 위한 대출 알아보기

대출의 세부 내용은 1금융권과 2금융권이 다르고, 은행별로도 조금씩 달라서 자신의 상황에 맞는 곳을 알아봐야 합니다. 보통은 1금융권이 이자율은 더 낮고, 대출금은 좀 덜 나옵니다. 잔금 전에 멸실해야 하는 등 조건도 좀 더 까다롭습니다. 2금융권(농협, 신협, 새마을금고 등)은 이자율은 조금 더 높고, 대출금은 좀 더 나옵니다. 잔금 후 1개월 이내 멸실 조건으로 대출이 가능해 좀 덜 까다로웠습니다.

저는 매도인이 매도 후 일주일 정도 더 살고 나간다고 해 잔금 전 멸실을 할 수 없었기 때문에 2금융권으로 알아보았습니다. 저도 처음 해보는 종류의 대출이기에 소개받은 대출 담당자에게 전화로 이것저것 물어보았습니다. 그 내용을 그대로 적어보겠습니다.

Q. 대출 진행에 필요한 서류는?

A. 우선 탁상감정을 위해 계약서와 소득증빙서류(원천징수영수증, 사업소득증명 등)가 필요하다.

Q. 대출 자서는 언제 하나?

A. 잔금 한 달 전에 한다.

Q. '주택취득자금조달계획서'를 계약 후 한 달 이내에 내야 하는데 증빙서류를 같이 내야 한다. 증빙서류로 대출 계약서를 내야 하는데 더 빨리 자서할 수는 없나?

A. 자서는 대출 한 달 전에 하므로, 그 전에 하면 자서를 두 번 해야 할 수도 있다(이 부분에 대해서는 앞서 계약 파트에서 언급했듯이 주택취득자금조달계획서의 증빙서류는 미

제출 사유서를 내면 됩니다).

Q. 주택신축판매업 사업자는 언제까지 내야 하나?

A. 대출 전 사업자를 내야 한다.

Q. 대출 자서할 때 허가 도면까지 필요한가? 허가 도면이 그때까지 안 나오면 어떻게 하나?

A. 토지 대출을 먼저 받고 건축자금 대출은 그 후 진행한다. 인허가를 받는 데 몇 달이 걸릴 수도 있기 때문이다. 토지 대출 받을 때는 우선 가도면을 제출하면 된다.

Q. 개인 대출이 많은데 상관 있는가?

A. 사업자 대출이므로 거의 상관없다. 다만 신용이 안 좋으면 어려울 수 있다. 저축은행 같은 곳에서 받은 대출이 많으면 어려울 수 있다.

Q. 법인사업자로도 대출이 가능한가?

A. 기존 법인인데 실적이 없으면 제약이 많다. 차라리 신규 법인을 만드는 게 낫다. 팁을 하나 주자면 법인으로 건설임대업 등록을 하고 원래 10년 내에 부동산을 팔면 과태료를 내는데, 부동산을 파는 게 아니라 법인을 통째로 넘기면 된다. 사는 사람 입장에서도 법인 인수가 취득세를 안 내기 때문에 더 유리하다(이 내용은 처음 듣는 이야기인데 이렇게도 할 수 있구나 싶었습니다. 다만, 법인으로 인수하려는 사람이 있어야 가능하겠죠).

토지 담보 대출

토지 멸실을 조건으로 해 토지 담보 대출을 매매가의 75~80% 정도를 받을 수 있습니다. 두어 군데 은행을 알아보고 대출 받을 곳을 정했습니다. 대출 조건은 토지 매가의 75%, 이율은 4%대였습니다. 중도상환수수료 면제, 약정 수수료, 화재보험비 납부 조건으로 진행했습니다. 대출 자서는 잔금일 기준 한 달 이내에 하고, 잔금과 동시에 토지 대출이 실행됩니다. 이날 기준으로 전입세대열람 시 전입세대가 없어야 대출이 나옵니다.

필요 서류
주민등록등본, 주민등록초본, 가족관계증명서, 국세납세증명서, 지방세납세증명서, 지방세세목별과세증명원, 매매계약서, 소득금액증명원, 재직증명서
※ 은행에 따라 추가 서류를 요구할 수도 있음.

건축비 대출

건축비 대출은 시공사 선정 후 시공 들어가기 전에 받으면 되는데 토지 담보 대출보다 이율이 더 높습니다. 그러나 공정률에 따라 그때그때 나가는 돈이라 실제 이자로 내는 돈은 그렇게 많지 않습니다. 저의 경우 실제 시공비의 60~70% 정도 대출이 나왔고, 이율은 5%대였습니다.

필요 서류
사업자등록증, 신분증, 인감도장, 인감증명서, 주민등록원초본, 주민등록등본, 국세납세증명서, 지방세납세증명서, 세목별과세증명서, 소득금액증명원, 매매계약서, 영수증, 건축허가서, 설계개요, 설계도면, 사업계획서, 수지분석표, 표준도급계약서, 공사예정공정표
※ 은행에 따라 추가 서류를 요구할 수도 있음.

추가 담보 대출 및 사대출

신축이 한창이라 돈 나갈 일이 많을 때 기존 신용대출을 갚아야 하는 날이 다가왔습니다. 직장을 그만두었기에 신용대출이 더 이상 연장되지 않았기 때문이죠. 1억 원이라는 큰돈을 당장 갚아야 했고, 신축에 필요한 돈도 좀 부족해 추가 대출을 알아보게 되었습니다.

살고 있는 아파트에 기존 대출이 없어서 이를 담보로 추가 사업자 대출을 받았습니다. 또한 부모님께 돈을 좀 빌렸는데요. 4.6% 이자를 월 지급하는 조건으로 차용증을 썼습니다. 당시만 해도 4.6%가 높다 싶었는데, 지금은 은행 이자율이 너무 올라서 오히려 싼 대출 수단이 되어버렸습니다.

준공 시 일부 상환

준공 시점에 감정평가를 다시 해 대출금을 일부 상환합니다. 2금융권은 감정평가를 따로 하지 않고 방공제 금액만큼만 상환하는 경우도 있습니다. 보통 보증금을 받은 돈으로 대출을 상환하는데, 준공 시에는 보증금이 없으므로 바로 상환하기 힘들 수도 있습니다. 이런 점을 고려해 준공 시점과 상관없이 대출일로부터 1년 기한을 주는 은행에서 대출을 받았습니다.

이 부분은 조심하자!

제가 대출을 받았을 때와 글을 쓰고 있는 지금의 대출 상황이 급변했네요. 현재 1, 2금융권 모두 잔금 전 멸실을 해야 대출이 가능하고, 대출 한도도 줄어들어 토지 대출+공사비 대출을 합해 토지 매입가 수준으로 줄어들었다고 합니다. 이러한 상황은 계속 바뀔 수 있으니 꼭 토지 계약 전에 확인하고 자금계획을 짜길 바랍니다.

상황이 변해도 변함없는 대출 시 유의점을 몇 가지 이야기해보려고 합니다. 우선 연말 대출은 되도록 피하는 것이 좋습니다. 연말에는 은행의 실적 마감이 있기 때문에 은행에서 대출 실행을 꺼립니다. 실제로 연말에는 대출을 안 해주는 은행도 많이 있고요. 불가능한 것은 아니지만 그래도 잔금일이나 시공비 지출 등 대출이 필요한 날을 연말을 피해 정하면 좋을 것 같습니다.

또한 경기 상황에 따라 PF 대출이 어려울 수 있으니 이자를 감당할 만한 다른 현금 흐름이 준비되어 있으면 좋습니다. 이자율이 낮을 때는 크게 문제가 되지 않겠지만, 경기가 안 좋아져서 이자율이 급격히 상승하고 있다면 높은 이자를 충당할 현금 흐름이 필요합니다.

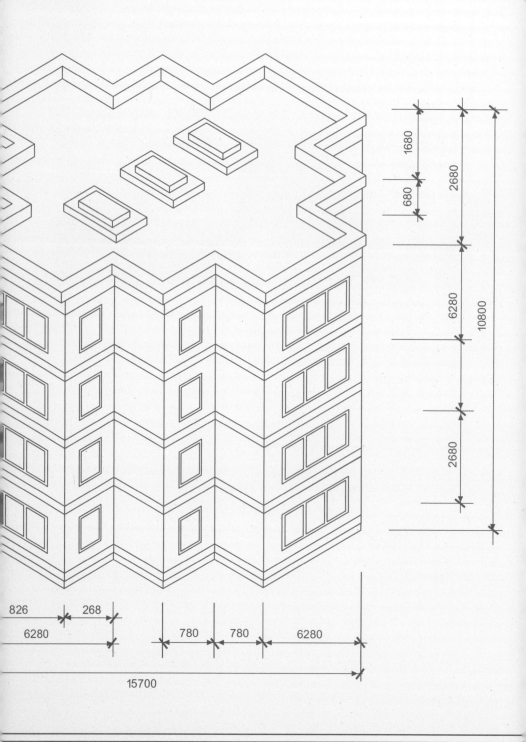

1680
680
2680
6280
10800
2680

826
268
6280
780
780
6280
15700

4장.

설계 및 시공사 선정

설계만 잘해도
절반은 성공이다

부지가 마련되었다면 이제 실제로 건물을 지을 차례입니다. 건물을 지으려면 설계를 해야 하는데요, 설계의 중요성은 아무리 강조해도 지나치지 않다고 생각합니다.

집을 짓는 과정에 돈이 많이 들기 때문에 설계 때부터 돈을 절약하고 싶어집니다. 특히나 수익형 주택을 지을 때는 흔히 '허가방'이라 불리는 저렴한 곳에서 설계를 하게 되는 경우가 많아요. 그런 곳에서 설계를 하면 내가 생각하는 만큼의 설계 퀄리티를 기대하기가 어렵습니다. 실시설계 과정이 많이 생략되기 때문에 오히려 시공하면서 건축주가 하나하나 챙길 것이 더 많아지고요.

그런데, 지나고 보면 집을 짓는 데 드는 비용 중 설계비가 차지하는 비용은 큰 포션이 아닙니다. 설계를 잘하면 수익성도 개선될 수 있고, 오히려 시공비를 절약하면서 더 잘 지을 수도 있고요. 저랑 비슷한 시기에 집을 지은 분들 모두 공통적으로 "다음에는 설계를 좀 더 잘하고 싶다"고 말합니다. 부디 설계비를 너무 아끼지 말고 좋은 건축가를 구하길 바랍니다.

토지 잔금 전에 설계를 마치자

설계는 토지 계약 후 바로 시작합니다. 그래야 잔금 치르기 전에 설계를 마치고 건축허가를 신청할 수 있습니다. 잔금 치르기 전에 건축허가를 신청하는 이유는 잔금 대출 때 허가 도면을 필요 서류로 요구하기 때문입니다. 또한 주택신축판매업 사업자 등록증도 대출 시 필요 서류인데, 이 사업자 발급 때도 도면과 건축허가증이 필요합니다. 건축허가가 나기 전의 가도면으로도 가능하기는 합니다.

또 하나의 이유는 대출 이자 때문입니다. 잔금을 치르는 순간부터 대출 이자가 나가는데 마냥 설계를 하고 있을 수는 없기 때문입니다. 빨리 시공에 들어가야죠.

설계는 크게 세 가지로 나뉩니다. 부지를 매입하기 전에 하는 계획설계(가설계), 건축허가를 받기 위한 기본설계, 실제 건축 시공을 위한 실시설계입니다.

계획설계

계획설계는 가설계라고도 하는데 보통 땅을 구입하기 전에 이 땅이 살 만한 땅인가를 판단하기 위해 아주 간단히 하는 설계입니다. 주로 건폐율, 용적률, 일조사선이나 주차 대수 같은 법규 검토를 중심으로 합니다.

기본설계

기본설계는 건축허가를 받기 위한 설계입니다. 기본 배치와 구조, 설비 등이 이에 포함됩니다. 그러나 이것만으로는 시공을 할 수 없습니다. 그래서 실시설계를 하게 됩니다.

실시설계는 그야말로 시공에 필요한 세부 설계를 하는 것입니다. 실제 시공을 할 수 있도록 디테일하게 도면 등을 작성합니다. 사실상 소규모 수익형 건물 설계에서는 이 부분을 시공이 시작된 후 시공사가 하는 경우도 많습니다.

좋은 건축가를 만나는 법

설계에 대해서는 저는 다른 분들과 상황이 좀 다릅니다. 남편이 건축가기 때문에 직접 설계를 하면 되었거든요. 그런데 저희 남편은 이탈리아 건축사라서 한국에서 직접 건축허가를 낼 수 없습니다. 대한민국에서는 오직 한국 건축사만이(또는 한국 건축사와 공동으로) 건축허가를 신청할 수 있습니다. 그래서 저희는 계획설계는 남편이 하고, 구조, 전기 설계 등을 더해 건축허가를 내줄 건축가를 구했습니다.

비록 과정이 좀 다르지만 허가를 넣어줄 건축가를 구하는 것이 막막하기는 저희도 마찬가지였습니다. 허가를 넣어주는 거라면 관할 자치구에 있는 건축가를 구하는 것이 좋겠다는 생각이 들었는데 관할 자치구에 아는 건축사가 없거든요. 보통은 관할구청 건축과에서 매달 건축허가 결과를 구청 홈페이지에 올려놓기 때문에, 그 파일들을 보고 건축허가 신청을 가장 많이 하는 건축사 사무소들을 검색해서 연락해보았고, 최종적으로는 지인을 통해 소개를 받았습니다.

저희 허가설계를 맡은 건축사는 관할 구청에서 건축허가 심의를 오랫동안 하셨던 분이어서 건축허가 관련 협의가 용이할 것 같았습니다. 나이가 많으셨지만 그만큼 여러 경험이 많으셨고, 발도 넓으셔서 나중에 보니 무작위로 선정되는 감리와 특검도 다 안면이 있는 분들로 어렵지 않게 진행되어 많은 도움을 받을 수 있었습니다.

저야 워낙 특수한 경우고 보통의 경우 건축사를 어떻게 구해야 하는지 막막하실 것입니다. 저는 평소에도 예쁜 건물을 보러 다니는 것을 좋아해서 지나가다 예쁜 건물을 보면 건축물대장을 떼어 봅니다. 건축물대장에 그 건물을 설계한 건축사사무소, 시공사가 모두 나와 있기 때문에 대장을 보고 연락해보면 됩니다.

관할 지역구마다 건축 관련 규제가 조금씩 달라서 내가 지을 건물과 같은 지역에 마음에 드는 건물(내가 짓는 건물과 같은 종류의 건축물)을 설계한 건축가에게 연락해보는 것이 가장 좋습니다.

그러나 내 마음에 드는 건축물이 꼭 내가 지을 건물과 같은 지역에 없을 수도 있고, 잡지에서 본 다른 지역 건물이 마음에 들 수도 있습니다. 꼭 같은 지역의 건축가가 아니더라도 연락을 취해볼 수 있습니다. 같은 서울시라면 구마다 규정이 조금씩 달라도 알고 있기 마련이고, 시가 달라도 규정이 아예 다른 건 아니기에 건축가도 규정을 찾아서 관할 구청에 문의해가며 설계할 수 있습니다.

임대용 건물을 짓는데 잡지나 TV에 나오는 유명한 건축가에게 연락을 취하는 것이 부담스러울 수도 있습니다. 그런데 만약 내가 사는 집도 겸한다면, 또는 내가 10년 가져갈 건물이라면 역량 있는 건축가를 접촉해보는 것도 좋다고 생각합니다.

물론 설계 비용은 훨씬 비싸지만, 좋은 건축가, 더 비싼 비용을 받는 건축가는 더 많은 대안을 더 깊이 고민해줍니다. 저렴한 비용의 허가방 건축가는 지금까지 해왔던 틀에 박힌 수익형 주택용 설계도면을 제시하고, 내가 이렇게 저렇게 고쳐달라고 먼저 말하지 않는 이상 더 나은 대안을 제시해주지 않습니다.

어떤 건축가를 고르든지 가장 중요한 것은 나와 잘 통하느냐입니다. 나의 의견을 잘 반영해주고, 의사소통이 잘되어야 함은 물론이고, 나와 지향점이 같아야 합니다. 나는 상가주택을 짓는데 수익은 전혀 나지 않을 공용공간만 절반인 예술적인 건축물을 제안하면 안 되겠죠. 상가가 빛을 발할 수 있도록 설계해주고, 주택 공간도 효율적으로 빼주는 그런 건축사를 선택해야 합니다. 이런 것들은 건축가를 직접 만나 이야기해봐도 알 수 있고, 그 건축가가 지금까지 지은 건물들을 봐도 알 수 있을 것입니다.

건축물대장 확인하는 방법

건축물대장은 '정부24(www.gov.kr)'에서 확인할 수 있습니다. 사이트에서 '건축물대장'을 검색하면 발급 및 열람이 가능합니다. 가끔 건축물대장이 있는데도 없다고 나오는 경우가 있는데, 그런 경우에는 '세움터(www.eais.go.kr)'에서 건축물대장을 발급하면 나오는 경우도 있습니다.

설계에는 비용과 기간을 충분히

설계비가 비싸도 더 예쁜 건축물을 짓고, 오히려 시공비도 절약되거나 같은 시공비로 더 좋은 건축물을 짓는 것도 가능합니다.

상가주택을 예쁘게 잘 설계하는 건축사사무소의 오픈하우스에 간 적이 있습니다. 저는 그런 유명한 곳에서 설계를 하면 당연히 시공비도 비싸겠지라고 생각하고 있었어요. 그런데 그곳에서 설계한 상가주택의 시공비가 상당히 저렴한 것을 보고 깜짝 놀랐습니다. 건축주의 자금 사정에 맞춰 자재를 고르기 때문이라고 합니다. 시공비의 큰 부분을 차지하는 외장재 등을 가성비 있는 것으로 해 건축비를 조정하더라고요. 물론 설계비는 보통의 설계사무소보다 비쌉니다. 그러나 생각해보면 설계비가 신축에 드는 총비용에서 차지하는 포션은 매우 적습니다.

제가 짓고 나서 생각해보니 드는 후회 중 하나가 '설계에 시간을 더 쏟을걸' 하는 것입니다. 처음 하는 신축이라 잘 몰라 계약에서 잔금 기간까지의 기간을 너무 짧게 잡아서 두 달이라는 짧은 기간 동안 설계하느라 너무 힘들었습니다. 남편이 하는 설계라 이리저리 여러 가지 대안들을 많이 검토하기는 했지만 그래도 아쉽더라고요.

결국 실시설계는 시공을 하면서 동시에 할 수밖에 없어서 시공하는 기간 동안 많은 것들을 검토하고 디테일을 정하느라 더 바쁘고 정신이 없었습니다. 시공하며 고민했던 많은 부분들을 설계 기간을 좀 더 길게 잡아 미리 고민했더라면 더 좋았을 것이라는 아쉬움이 남습니다.

사소하지만
고려해야 할 것들

설계는 건축가가 하지만, 내가 지을 집에 대해 가장 많이 고민하는 것은 나입니다. 따라서 많이 고민하고 원하는 것을 건축가에게 요구해야 합니다. 저도 도면을 이리저리 보며 엄청나게 고민을 했더랍니다. 설계를 하는 남편에게 이렇게 해봐라 저렇게 해달라 자꾸 요구하다가 눈치를 먹기도 했지요. 그래도 설계가 끝나면 고칠 수 없는 부분도 있으니 설계 단계에서 고민을 많이 하길 바라며, 제가 고려했던 포인트에 대해 이야기를 나눠보겠습니다.

건물 외관 관련

상가와 주거의 동선 분리

상가와 주거는 동선이 정확히 분리되는 것이 좋습니다. 상가는 들어가기 쉬운 곳, 눈에 잘 띄는 곳(도로 전면)에 입구를 두고, 주거는 프라이버시가 보호되는 골목 안쪽으로 현관을 냈습니다.

해가 잘 드는 남쪽에는 코어(계단실)보다는 방과 거실을 배치하는 것이 좋습니다. 남쪽에 코어를 배치하면 방에서는 해가 잘 안 들 수도 있습니다. 북쪽에 코어를 배치하는 것이 일조사선 때문에 불가능한 경우도 있지만, 벨템포는 일조사선의 제한을 거의 받지 않아서 북쪽으로 코어를 내는 것이 가능했습니다.

벨템포 1층 도면

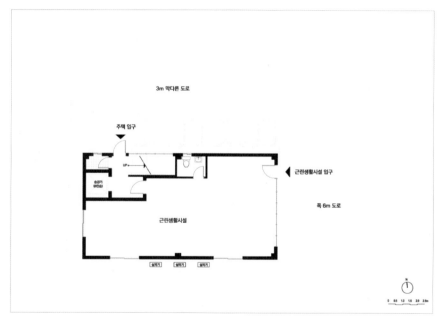

출처 : 저자 제공

복도 창문 형태

상가주택의 복도 창을 크게 내어 사람이 지나다니는 게 훤히 보이는 곳들이 있습니다. 창밖으로 바라볼 곳이 있다면 복도의 창을 크게 내도 되지만, 보통 도심지의 복도는 밖을 보기보다는 가려서 프라이버시를 보호하는 것이 더 중요한 경우가 많습니다. 따라서 굳이 창을 크게 낼 필요가 없고 환기를 고려해 내면 됩니다.

저희는 창을 가로로 길게, 세로로 좁게 내었는데요. 환기는 하면서 시선은 가려주어 가장 마음에 드는 공간 중 하나입니다.

벨템포 복도 창문

출처 : 저자 제공

주차장은 차를 빼기 쉽게

주차장은 차를 빼기 쉽게 배치하는 것이 좋습니다. 이것만 생각하면 도로 전면에 평행주차를 하는 것이 가장 쉽겠지만, 그 경우에는 차가 1층 상가를 가릴수가 있습니다. 상가 앞은 가리지 않는 것이 가시성이 좋기 때문에 웬만하면 그런 배치는 추천하고 싶지 않습니다. 그렇다고 두 대 이상을 직각배치하면 필연적으로 이중주차가 발생해 뒤차가 나가기 힘들 수도 있습니다. 저의 경우 두 대가 직각주차지만, 옆에 도로가 있어 뒤차도 빠지기 쉽기에 걱정 없이 배치했습니다.

보일러실 위치

보일러실이 호실 내부에 위치하면 배관 길이가 짧아 열효율성이 좋지만 수리할 때마다 방에 들어가야 하는 불편함이 있습니다. 방이나 화장실에 보일러실이 있는 게 조금 안 예쁠 수도 있고요. 반대로 보일러를 따로 공동으로 빼서 보일러실을 만들면 수리 시에도 편리합니다. 다만 보일러까지의 배관이 길어져 효율이 조금 떨어질 수 있다고 합니다. 저는 어떻게 할지 고민했으나, 집 내부에 보일러실이 있으면 예쁘지가 않고, 관리의 편의성을 고려해 복도로 따로 빼 공용 보일러실을 만들었습니다.

공용 보일러실의 위치

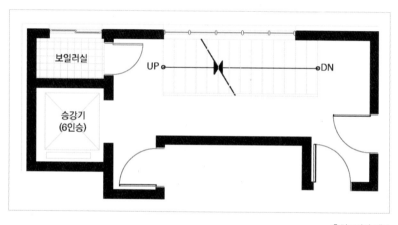

출처 : 저자 제공

실외기실

실외기실이 창문 외부에 매달려 있으면 정말 보기 싫습니다. 그래서 실외기실을 건축물 바닥 면적에서 제외해주는 규정도 생겼습니다. 실외기실을 따로 구획해도 1㎡까지는 바닥 면적에 포함되지 않습니다. 저는 복도로 따로 뺀 보일러실에 실외기도 같이 놓으려고 계획했기 때문에 실외기실을 따로 계획하지는 않았습니다.

그런데 실제 설치할 때가 되어서 보니 실외기가 생각보다 커서 보일러를 한꺼번에 다 넣기에 공간이 부족하더라고요. 그래서 바닥과 옥상으로 나눠 실외기를 두게 되었지만, 최대한 안 보이는 곳에 두었습니다.

보일러 연통과 가스관의 위치

종종 보면 보일러 연통이 전면에 나와 있는 건물들이 있습니다. 보기가 좋지 않죠. 마찬가지로 가스관도 건물 전면에서 보이면 보기 좋지 않습니다. 설계할

벨템포 전면 모습(좌)과 후면의 연통 및 가스관(우)

출처 : 저자 제공

때 이런 부분을 고려해 보이지 않는 뒷면으로 보냈습니다. 앞의 사진은 저희 건물 사진입니다. 보일러실 연통과 가스관을 모두 건물 뒤로 빼서 전면에서 보이지 않습니다.

창의 크기와 안전난간

도심 속에 집을 짓다 보면 창의 크기가 크고 많은 게 항상 좋은 것만은 아니더라고요. 창문이 크면 개방감 있고 좋지만, 추락의 위험 때문에 안전난간을 설치해야 하는 경우가 있습니다. 그런데 이 안전난간이 참 보기에 안 좋습니다. 3층 이상인 주택의 창에는 바닥의 마감면으로부터 창대 윗면까지의 높이가 110㎝ 이상이 되지 않는 경우 안전난간을 설치해야 합니다(주택건설 기준 등에 관한 규정 제18조). 안전난간을 설치하지 않기 위해서는 창문을 바닥에서 110㎝보다 위에 설치하거나, 아래까지 크게 설치하되 시스템창으로 분할해서 110㎝보다 위

창문의 안전난간 예시

출처 : 저자 제공

에서만 열리게 하는 방법이 있습니다.

또한 창을 원룸당 두 개씩 크게 냈더니 방이 더 밝고 커 보이긴 합니다. 다만 주변 상황에 따라 창 크기와 배치에 신경 써야 하고, 창을 크게 내는 경우 붙박이장 등 가구가 들어갈 위치를 미리 고려해 서로 간섭이 없게 해야 합니다.

주거 부분 관련

호실 크기 결정

역 주변이나 학생 수요가 많은 곳은 방이 작아도 잘 나갑니다. 보통 역에서 멀어질수록 방 크기가 커지고, 원룸보다는 투룸, 쓰리룸이 많아지는 편이에요. 원룸의 경우 방을 4~5평으로 작게 하면 총호실 수가 많아지므로 수익률이 훨씬 좋습니다. 또한 원룸 임대가가 저렴하므로 임대도 쉽게 잘 나갑니다. 전세로 내놓을 경우 임차인이 대출을 받기도 쉽고요. 그러나 원룸 호실이 많으면 관리할 것도 더 많습니다.

또 한 가지 고려할 점은 이미 지어진 원룸 주택의 방들은 4~5평대의 작은 방들이 많습니다. 경쟁하는 방이 많다는 의미지요. 지금이야 내 방이 신축이라 경쟁력이 있지만 내 집이 구축이 된다면? 공실의 위험이 커질 수 있겠지요.

저희 상가주택은 역까지 2분밖에 안 걸리는 초역세권이라 방 크기가 작아도될 것 같았지만, 여러 가지 고민 끝에 방을 크게 구성했습니다. 장기적으로는 큰 방이 경쟁력이 있다고 봤기 때문입니다. 4평대의 작은 원룸에 들어가본 적이 있는데, 정말 잠만 잘 수 있을 정도로 작아서 그런 집을 짓고 싶지가 않았습니다. 세입자가 편히 쉴 수 있는 크기의 방을 구성하고 싶었어요. 또한 호실 수를 적당히 해 관리하기 편한 집을 원했기에 수익률은 좀 줄어들었지만, 7.8평, 7평, 5.3평의 원룸으로 구성했습니다.

실제 완공하고 임대를 놓아보니, 확실히 작고 싼 방이 임대가 빨리 나가더라고요. 그것을 부정할 수는 없었습니다. 중소기업취업청년 전월세보증금대출이나 청년전용 버팀목전세자금대출의 최대 금액 이내로 전세금을 세팅할 수 있는 면적으로 구성하는 것이 임대를 빨리 뺄 수 있는 방법이겠구나라는 생각이 들었습니다.

호실 구성

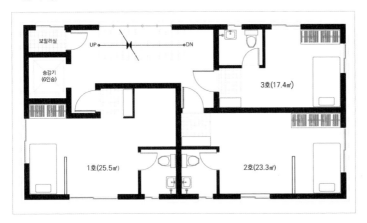

화장실 크기

　원룸의 화장실은 보통 아주 작습니다. 샤워할 공간이 거의 안 나오죠. 그러나 원룸치고는 방 크기가 큰 편이기도 했고, 고시공부 시절 작은 원룸의 좁디좁은 화장실이 싫었던 저는 화장실이 좀 큼직했으면 했습니다. 그래서 보통의 원룸 화장실보다 크기를 크게 하고, 모든 화장실은 외부 창을 넣을 수 있는 위치에 구획했습니다.

동선 확인 및 콘센트 배치

　도면을 보며 현관에 들어와서 화장실을 가고, 부엌에 가고, 방에 들어가는 것을 실제로 상상해보며 동선을 체크해봅니다. 이상하거나 불편함이 없는지 체크해보는 과정이죠. 부엌의 경우 냉장고에서 음식 재료를 꺼내서, 싱크볼에서 씻고, 재료를 다듬고, 요리하는 게 동선이 맞는지 싱크대 가구 배치를 확인해볼수도 있습니다.

또한 콘센트는 필요한 곳에 가능한 여러 곳에 배치하면 좋습니다. 제 경우 가벽을 나눈 후 그쪽에 콘센트가 없는 곳이 있어 세입자가 불편할 수도 있겠다는 생각이 들더라고요. 콘센트는 설계 때 생각해두면 좋지만 그렇지 못했다 해도 시공할 때 추가할 수 있습니다.

다락

다락으로 올라가는 계단은 올라가며 머리를 부딪히지 않도록 다락의 가장 높은 부분으로 내었습니다. 다락은 여름에 덥고 겨울에 춥기 때문에 다락에 냉난방기를 따로 다는 것으로 계획했습니다.

상가 부분 관련

상가는 무조건 건물의 가시성 좋은 곳에 위치해야 합니다. 지나다 보면 빌라 1층의 깊숙한 곳에 상가가 들어가 있는 경우도 있는데, 이런 경우 가시성이 좋지 않아 임대료를 잘 받을 수가 없겠죠.

상가의 종류

상가의 위치 외에 어떤 상가를 넣을 것인지 설계 때부터 미리 염두에 두는 것이 좋습니다. 만약 음식점을 생각한다면 환기 덕트를 미리 넣어 옥상까지 빼면 좋을 것이고요. 물론 처음부터 미리 어떤 업종을 들일 거라고 결정하기 힘들 수도 있습니다. 저도 그랬거든요. 다만, 저는 이면도로치고는 상가 면적이 20평대로 커서 통으로 임대를 주되, 그게 힘들다면 두 개로 나눌 수 있도록 수도 배관과 냉난방기를 두 개 설치하고 화장실 위치도 고려해 정했습니다.

분리 가능 여부

건물이 앞뒤로 긴 형태라 두 개로 나눌 경우 앞뒤로 나눌 수 있게 배치를 했는데, 실제 임대를 줄 때 보니 앞뒤로 나누면 뒤쪽 상가의 가치가 떨어져 통으로 임대를 줄 수밖에 없었습니다. 안 그러면 뒤쪽 상가는 사무실 정도의 용도만 가능할 것 같았기 때문입니다.

상가를 둘로 나눌 경우의 구획도

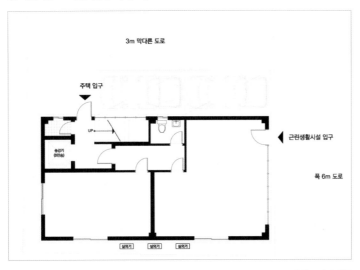

출처 : 저자 제공

3D 모델링으로 보면 더 잘 보인다

평면으로 된 도면을 아무리 봐도 입체적으로 잘 이해가 되지 않는 경우가 많습니다. 그럴 때는 모형 또는 3D 모델링으로 만들어 확인해보면 더 잘 이해할 수 있습니다. 건축가에게 부탁하거나 아예 계약할 때 협의해 모형이나 3D 모델링으로 공간감을 확인하길 바랍니다.

상가를 둘로 나눌 경우의 구획도

출처 : 저자 제공

같은 면적도
최대한 넓게 쓰는 방법

바닥 면적이나 용적률 면적 산정에서 제외되는 것들을 잘 활용하면 실제로는 더 넓게 지을 수 있습니다. 건축가가 알아서 넣어줄 수도 있지만, 건축주가 알고 챙기면 좋습니다(**건축법 시행령 제119조**).

부속 주차장과 지하층

건축물의 부속용도인 지상 주차장은 용적률 산정용 연면적에서 제외됩니다. 또한 지하층도 용적률 산정용 연면적에서 제외됩니다. 따라서 지하를 파면 더 많은 공간을 활용할 수가 있지요. 주의할 점은 주차 대수 산정 시에는 지하 면적이 포함된다는 점, 그리고 지하를 파는 데 비용이 많이 추가된다는 점입니다.

발코니와 다락

확장 발코니와 다락을 잘 넣으면 실제 사용 면적은 훨씬 넓어지게 됩니다. 주택의 발코니는 1.5m까지 바닥 면적(건축물의 각 층 또는 그 일부로서 벽, 기둥, 그 밖에 이와 비슷한 구획의 중심선으로 둘러싸인 부분의 수평 투영 면적)에서는 제외됩니다. 단, 확장 전 실의 크기가 가로, 세로, 안목치수 2.1m 이상이어야 하며, 확장 발코니 부분에는 화장실이나 싱크대를 설치할 수 없습니다.

다락은 전체 면적이 바닥 면적 산입에서 제외됩니다. 단, 다락의 층고는 평다락의 경우 1.5m 이하여야 하며, 경사진 경우 가중평균이 1.8m 이하여야 합니다.

승강기

면적이 작고 층수가 낮은 건물이라면 승강기를 넣을 것인지 말 것인지부터 고민이 됩니다. 면적이 아주 작은 경우 승강기를 넣으면 수익률이 너무 떨어질 수도 있기 때문입니다. 그러나 단기에 팔 물건이라면 웬만하면 넣는 게 좋다고 생각합니다. 실생활에서도 편하지만, 매도 시 가치를 인정받는 측면에서도 승강기는 있는 게 좋으니까요.

저는 처음부터 승강기를 넣기로 했는데 일반용을 넣을 것인지 장애인용을 넣을 것인지 기로에 놓였습니다. 장애인용 승강기는 건축 면적 및 바닥 면적 산입이 제외됩니다. 따라서 더 큰 실면적으로 건물을 지을 수 있죠. 그런데 실제로 설계를 해보면 좁은 땅에 커다란 장애인 승강기(13인승 이상)를 넣으면 코어가 잘 안 나오는 경우가 있습니다. 집과의 비례에도 잘 안 맞고요. 그래서 저희는 그냥 6인용 승강기를 넣었습니다. 넣고 보니 원룸 위주의 건물이라 적당해 보입니다. 다만 주인집이 있어 큰 가구를 넣을 일이 있다면 큰 승강기가 나을 수도 있겠다는 생각이 듭니다. 저희는 승강기는 작은 대신에 창문 하나를 이삿짐을 넣고 빼고 할 수 있도록 크게 내었습니다.

실외기실

도시 미관 개선 및 추락사고 위험 방지 등을 위해 에어컨 실외기 등 외부 냉방설비 배기장치를 설치 시 세대(실)당 1㎡까지 바닥 면적 산정에서 제외됩니다. 이 규정을 잘 활용하면 미관을 해치지 않고, 면적 손해 없이 실외기실을 설계에 넣을 수 있습니다.

외부 계단

계단을 외부에 설치할 경우 지표면으로부터 1m 이하에 있는 부분은 건축 면적 산정 시 제외되고, 벽, 기둥 등 구획이 없는 개방형 외부 계단의 경우 계단의 끝부분으로부터 수평거리 1m까지 바닥 면적에서 제외됩니다. 따라서 계단을 외부에 설치하면 면적상 이득을 볼 수 있습니다. 그러나 외부 계단의 경우 청소가 불편하고, 안전과 보안 문제 등 관리상 문제가 있을 수 있어 적용하지는 않았습니다.

실전 건축
반지하, 넣을 것인가 말 것인가

저희 상가주택에는 원래 반지하가 설계되어 있었습니다. 보통 다중주택이나 다가구주택은 3개 층 주택이 가장 기본적인 구조고, 요즘은 상가를 넣어 1개 층 근생+3개 층 주택의 구조도 많이 합니다. 그런데 저희 상가주택은 처음에 반지하 주택+1층 상가+2~4층 주택으로 설계했습니다.

그렇게 설계한 이유는 첫째, 기존 구옥에 지하가 크게 있어 덮어버리기 아깝고 이왕이면 그 부분을 살리면 좋겠다는 생각이 들었습니다. 둘째, 지하를 뚫으면 추가 비용이 들어가겠지만, 지하에 방을 3개 넣으면 그 가치가 추가로 들어가는 비용을 뽑고도 남지 않겠나 하는 계산이 있었습니다. 셋째, 옆집과 뒷집도 모두 반지하가 있는 걸로 봐서 수요가 있다고 생각했습니다.

반지하를 설계할 때 생각하지 못한 것들

그런데, 실제로 반지하를 설계에 넣었더니 생각하지 못했던 장애물이 너무 많았습니다.

첫째, 토목공사 비용이 추가됩니다. 지하를 팔 때 지반 침하나 붕괴를 막기 위한 공사를 흙막이 공사라고 하는데, 흙막이 공법 중 토류판은 금액이 적게 드는 반면, CIP(Cast In Placed Pile)라는 공법은 비용이 훨씬 많이 듭니다. 애초 저희는 토류판으로 계획했으나, 그 후 알아보니 요즘 도심지, 인접지가 주택인 곳은 토류판 공법이 불가라고 합니다. 더 튼튼한 CIP로 해야 한다고 하네요. 부분적으로 토류판을 섞을 수는 있겠지만, 대부분 CIP로 해야 하기 때문에 돈이 훨씬 많이 들어갑니다.

둘째, 토목설계와 굴토심의에 시간과 비용이 소요됩니다. 원래 굴토심의 대상은 깊이 10m 이상, 또는 지하 2층 이상입니다. 그래서 저희는 굴토심의 대상이 아니라고 생각하고 있었습니다. 그러나 최근 건축물에 대한 규제가 계속 강화되면서 구에 따라 더 강화된 지침을 적용하기도 하나 봅니다. 저희는 겨우 반지하 1층 내는 건데도 해당 구청에서 토목설계와 굴토심의를 조건으로 허가를 내준다고 합니다. 토목설계를 따로 하면 돈이 1,000만 원 이상 깨지고, 굴토심의는 한 달에 한 번 있기 때문에 그만큼 착공 전 시간이 더 흘러갑니다. 만약 재심의라도 나온다면 시간이 더 흐르고 제 대출 이자도 그와 함께 늘어나겠지요.

셋째, 인접 집과의 민원이 발생할 확률이 커집니다. CIP 공사는 지하를 뚫을 때 소음과 진동이 발생해서 인접 주택에 사는 사람이 아무리 착한 사람이라고 해도 민원이 없을 수가 없다고 합니다. 게다가 주변에 오래된 집이 있다면 어디가 갈라졌다, 흔들린다, 담을 다시 해달라는 등의 민원을 100퍼센트 예상해야 한다고 합니다.

넷째, 단열과 결로방지 처리를 추가로 해야 합니다. 물론 지상층도 단열을 하지만, 지하는 더더욱 철저하고 두껍게 단열처리를 해야 합니다. 그렇지 않으면 결로와 곰팡이 때문에 애를 먹을 수 있기 때문에 방의 크기가 조금 작아져도 두껍게 잘 처리해야 한다고 하네요. 제 경우 처음에 지하 방을 3개 계획했지만, 이러한 이유로 지하 방이 두 개가 되고 크기도 작아지게 되었습니다. 그러면 월세도 적게 받게 되겠지요.

반지하를 삭제하기로 결정한 이유

설계에 반지하를 넣을 때는 이렇게 시간과 돈이 드는 골치 아픈 일들이 많을 거라고 구체적으로 생각하지 못했습니다. 설계할 때 반지하를 넣었을 때와 안 넣었을 때

수익 비교 분석을 안 한 것은 아니었으나, 닥치고 보니 생각보다 리스크가 커 보였습니다. 건축허가가 나고, 시공사도 계약하고 구옥 철거도 해야 하는데 반지하를 유지할 것인지 말 것인지 계속 고민이 되었습니다.

기존 건물에 지하가 있다고 신축 때 지하 파는 게 더 쉬운 것도 아니라는 것을 나중에 알았습니다. 또한 반지하에 방 3개를 계획했으나, 실제로는 방이 2개 나올 것 같다는 복수의 시공사의 말을 들었습니다. 네이버부동산으로 검색해보니 주변 준신축의 반지하 월세 시세가 제가 생각했던 것보다 훨씬 낮았고, 제 땅의 옆집, 뒷집 반지하가 모두 월세 매물로 나와 있었습니다. 즉, 반지하 공실이 많다는 뜻이었지요.

지하 공사에 드는 비용을 다 합하면 1억 5,000~2억 원이 든다고 하는데, 이 비용을 들여 지하 방 2개로 수익을 낼 수 있는가, 수익이 날 수 있다 해도 시공상 어려움과 기간 소요의 리스크를 감당할 수 있는가, 1~2억 원을 더 들여 1~2억 원의 더 높은 가격으로 매도할 수 있을까 생각해보니 지하를 빼는 게 나을 거 같다는 판단이 들었습니다. 마음도 편하고요.

방의 개수가 줄어들어 월세가 줄어들 수도 있지만, 주차가 한 대 줄어 1층 상가 면적이 더 커지고, 반층 올라간 상가보다는 1층에서 바로 들어가게 되므로 상가의 컨디션이 더 좋아집니다.

다만, 설계 변경을 해야 합니다. 어차피 지하를 넣으면 토목설계를 해야 해서 돈이 들어가니, 그걸 안 하는 대신 설계 변경으로 돈이 들어간다고 생각하고 마음을 편하게 먹기로 했습니다. 이왕 설계 변경을 하면서 상가가 좀 더 잘 빠지게 코어도 바꿨습니다.

이러한 일련의 과정으로 생각보다 착공이 늦어지고, 그동안에도 대출 이자가 나갔지만, 처음이니까 이러한 좌충우돌의 과정이 어쩌면 당연하기도 하고, 필요한 과정이라고 생각했고, 궁극적으로 더 좋은 결과를 가져왔다고 생각합니다.

※ 참고로 2024년 3월 27일부터는 조례로 정하는 경우를 제외하고는 지하층에는 주거 설치가 불가하기 때문에 근생 용도로만 지하층 설치가 가능합니다(건축법 제53조 제2항).

시공사만 잘 골라도
10년 안 늙을 수 있다

흔히 건물 하나를 지으면 10년씩 늙는다고들 합니다. 그만큼 신경 쓸 일이 많다는 뜻인데요. 건축을 해보니 시공사만 잘 만나도 신경 쓸 일이 확 줄어든다는 걸 알았습니다. 좋은 건축사와 좋은 시공사가 건축의 핵심인 것입니다.

시공사는 어떻게 구할까

시공사를 구하는 방법은 설계를 맡긴 건축사에게 소개받는 방법, 주변에 신축한 지인에게 소개받는 방법, 건축 잡지에 나온 멋진 집을 시공한 시공사에 연락해보는 방법, 주변의 마음에 드는 집을 지은 시공사에 연락하는 방법 등이 있습니다.

건축사는 주로 함께 작업하는 시공사가 있기 마련입니다. 서로 합이 잘 맞기 때문에 시공사에서 소개해주는 시공사를 선택하면 좀 더 수월하게 시공을 할 수도 있습니다.

건축 잡지에 나온 멋진 집을 지은 시공사에 연락해볼 수도 있습니다. 그런데 그런 시공사들은 도면이 실시설계까지 자세히 있어야 시공을 하거나, 시공비가 많이 비싸기도 합니다. 작은 규모는 아예 안 하는 곳도 있고요.

가장 현실적이면서도 괜찮은 방법은 주변의 마음에 드는 집, 내가 짓고 싶은 집과 비슷한 집을 시공한 시공사에게 맡기는 방법입니다. 지나가다가 '이 상가 주택 예쁘다, 나도 이런 집을 지으면 좋겠다' 싶은 집이 있지요. 그럼 그 집의 건축물대장을 떼어 봅니다. 그러면 건축물대장에 그 집을 지은 설계사무소, 시공사가 다 나와 있습니다.

'대한건설협회(www.cak.or.kr)'에서 해당 지역의 건설업체 검색을 통해 시공 능력과 실적을 보고 우량업체를 선택하는 방법도 있지만, 소규모 건축 시에는 적절한 방법은 아닌 것 같고, 다만 후보 업체의 시공 능력 확인용으로 활용하면 좋을 듯합니다.

시공사 선정을 위해 여러 루트로 후보 시공사를 리스트업 해봤습니다. 허가설계를 해주신 건축가의 추천 시공사, 지인 추천 시공사, 건축 잡지에서 보았던 멋진 건물을 지은 시공사를 리스트로 추리고 장단점을 적어보았습니다.

시공사 비교표(예시)

시공사	장점	단점	메모
A	• 디자인 능력 있고, 인테리어 감각이 좋음 • 현장소장 평이 좋음 • A/S 괜찮음 • 비용 추가 안 하려고 함	• 통건적만 가능	지인 추천, 대기업 건설사 출신 대표
B	• 허가설계한 건축가 추천으로 건축가의 도움을 계속 받을 수 있음 • 시공사가 동네에 있어 협의 편하고 A/S 빠를 듯	• 시공 건물 및 자재 평범	설계 건축가 추천
C	• 유명 건축가들과 작업 많이 함 • 시공 건물이 예쁨	• 시공비 단가 높은 편	지인 추천, 건축명장

시공사	장점	단점	메모
D	• 외장재에 대한 이해가 좋아 보임 • 건축가가 있는 시공사라 실시설계 관련 이야기가 잘 통할 것 같음	• 내외부 디자인이 평범함 • 의견 반영이 잘 안 된다는 평	지인 추천
E	• 수익형 주택 경험이 많음 • 시공 튼튼하고 하자 적다고 함 • A/S 좋음	• 디자인 감각은 없어 보임 (인테리어 전문가 없음)	지인 추천
F	• 설계, 디자인팀 따로 있음 • 현장소장이 현장에 상주함	• 단가 높음 • 민원 해결 소극적	건축 잡지

출처 : 저자 제공

무엇을 살펴봐야 할까

후보 시공사는 모두 대면 상담했습니다. 면담 시 설계도면을 보여드리며 상담을 했고, 공통적으로 "민원 해결을 적극적으로 해주시나요?"와 "현장소장님이 현장에 상주하나요?", "다른 현장도 같이 하시나요?"라는 질문을 했습니다. "민원은 건축주가 해결하셔야 합니다"라고 한 시공사는 배제했는데, 나중에 그 시공사에서 시공한 분 글을 보니 민원 해결하느라 힘들어 집 지은 동네에 살기도 싫다고 쓰셨더라고요. 현장소장의 경우 제 현장 하나만 맡아서 신경을 써야지 동시에 다른 현장까지 하면 시공 퀄리티가 안 좋을 것 같아서 확실히 여쭤봤습니다.

A 시공사는 시공업계 오랜 경력의 대표님을 주축으로, 디자인 쪽으로도 강점을 갖고 있었습니다. 시공 중인 건물을 봤는데, 요즘 유행하는 인테리어 디테일들이 다 들어가 있어 여기 맡기면 디자인 걱정은 안 해도 되겠구나라는 생각이 들었습니다.

B 시공사는 허가설계를 맡아주신 건축가가 추천해주셨는데, 제 땅이 있는 지역에 지은 건물이 꽤 많았습니다. 게다가 사무실이 저희 집에서 차로 3분 거

리에 있어 업무협의나 A/S 쪽으로 강점이 있어 보였습니다. 시공 건물은 조금 연식이 있어 보였으나, 시공자가 설계를 하는 것은 아니니 시공 실력만 봐야 하는데 그걸 나눠보는 게 쉽지 않았습니다. 다만, 최근 트렌드를 반영한 예쁜 건물 시공은 안 해봤겠다라는 생각이 들었어요.

C 시공사는 남편 지인이 추천해주신 곳으로, 원래 설계를 하시다가 시공으로 넘어간 케이스였습니다. 건축명장도 여러 번 받은 곳입니다. 이곳에서 시공한 건물들을 여럿 보러 다녔는데, 확실히 예쁘고 디테일이 남달랐습니다. 그런데, 여기에 일을 맡기는 설계사무소는 주로 유명한 곳들이라 설계사무소에서 실시설계 및 디자인감리까지 따로 해주는 경우가 많았습니다. 저희는 허가를 위한 설계를 급하게 받아 아직 미정인 부분이 많기에 시공하면서 실시설계에 해당하는 부분을 같이 해나갈 수 있는지가 중요한데 그게 가능한 시공사인지 잘 판단이 되지 않아서 고민되었습니다.

가격 비교는 큰 의미가 없다

면담한 시공사 중 A, B, C 시공사에 견적을 받기 위해 도면과 견적 안내서를 송부했습니다. 견적 기간은 2주 정도로 정했고, 견적서 제출 시 최근 시공 건물 내역을 포함한 지명원을 요청드렸습니다. 지명원이란 시공업체로 지목되기 위해 작성하는 회사소개 및 공사 현황 실적 등의 문서입니다. 자재 리스트가 자세히 있어야 정확한 견적이 나올 수 있는데 저희는 아직 정하지 못한 자재가 많아서 중요 자재에 대해서만 어느 정도 급으로 해야 하는지 지정해서 보냈습니다.

원래는 정확하게 견적을 내려면 '물량산출(적산)'이라는 것을 해야 하는데 물량산출을 하면 정확한 견적을 낼 수 있지만, 실시설계가 자세히 되어 있지 않은 소규모 신축에서는 하기가 어렵습니다. 비용이 추가로 들기도 하고요. 그래서 도면을 기준으로 견적을 부탁했습니다.

시공사에 보낸 견적 안내서(예시)

견적 안내서

1. 견적 기간 : OO년 O월 OO일 23시까지   ※ 착공 예정일 : 8월 중순
2. 현장 주소 : 서울시 은평구 OO동 OOO-OO
3. 견적 참여조건 : 일반 건설사, 보증서 발급, 국세, 지방세 체납이 없어야 함.
4. 보증조건 : 계약이행증권(10%), 하자이행증권(3%), 지체상금률, 대가지연이자율
5. 공사비 지급 방법

   ○ 선급금(10%), 기성금(70%), 잔금(20%)

   ○ 기성금은 공정률 30%, 50%, 70% 90% 때 지급

   ○ 잔금은 전세보증금을 받아 최우선으로 지급하기로 함.
6. 견적제출 : 이메일
7. 문의 : 건축주 OOO(010-XXX-XXXX)
8. 견적서 제출 시 제출 서류

   1) 견적서 2) 예정 공정표 3) 지명원(최근 3년 이내 시공한 실적 포함)
9. 견적 참고사항

   1) 공사 범위 : 설계도면에 명기된 사항

   ○ 철거비용 일체 포함(철거계획서, 석면조사, 건축물대장말소신고절차 등)

   ※ 철거감리비용은 건축주 부담

   ○ 전력계량기, 수도계량기, 가스인입관 설치는 공사비에 포함

   ※ 전기, 수도, 가스인입비용은 건축주 부담

   ○ CCTV 설치 비용, 에어컨(임대세대는 냉방, 근생과 주인집은 냉난방 겸용), 가전(세탁기, 냉장고, 인덕션) 설치 비용 포함

   ○ 인접대지경계 담장은 설치하는 것으로 견적할 것

   ※ 현장 상황에 따라 포함 여부 결정

   2) 기타 견적 포함 사항

   ○ 고용, 산재보험 비용 포함

   ○ 민원 응대는 시공사가 하며, 관련 비용 발생 시 건축주와 시공사가 절반씩 부담으로 하는 조건임.

   3) 공사 제외사항

○ 지정공사, 지급자재, 전기·가스·급수 인입비, 하수원인자 부담금
　4) 견적은 설계도면 기준임.
　5) 자재는 자재목록에 명기된 제조사, 제품명 기준
　　○ 단, 도면에 표기된 외장재 및 주요 자재가 후첨한 주요 자재 목록과 다른 경우가 있으므로, 이 경우 후첨한 주요자재를 기준으로 함.
　6) 견적조건 변경이 없는 경우 네고 없음.
　7) 견적평면과 착공납품은 일부 미세한 변경이 있을 수 있으며, 이 경우 추가 공사비에 반영하지 않음.
10. 첨부자료
　1) 설계도면
　2) 주요 자재 목록
　3) 외장재 카탈로그

첨부 : 주요 자재 목록

2주의 시간을 드리고 드디어 견적을 받았습니다. 견적을 오픈해보니 B 시공사가 가장 자세히 공사별 내역과 자재 모델명까지 기재해 견적을 주었고, C 시공사는 공사별 내역과 자재 브랜드까지 기재, A 시공사는 거의 통으로 가격과 평단가, 주요 추천 자재로 견적이 왔습니다. 나름 견적 안내서까지 미리 만들어 견적을 부탁했으나, 통일된 공견적서 양식 제공까지는 못했기 때문에 각자 다른 양식으로 견적서가 왔고, 자재도 세밀하게 지정하지 못했기에 서로 다른 자재들이 들어 있어 시공사 상호 견적을 비교하기가 힘들었습니다.

가격 비교도 크게 의미가 없었습니다. 견적 가격은 A 〉C 〉B순이었으나, 어차피 포함, 불포함 내역도 각기 달랐고, 자재 스펙도 달랐기 때문에 C 시공사와 B 시공사는 최소 5,000만 원~1억 원은 추가될 거라고 생각했습니다. 따라서 견적은 서로 비교하기보다는, 각 시공사별로 어떤 부분이 포함되고 어떤 부분이 빠졌나 보는 게 더 의미 있어 보였습니다.

일단 A 시공사는 아예 견적 비교가 불가능했기에, 최소한의 공종을 나눈 표를 드리고 다시 견적을 부탁드렸으나, 견적 낼 여력이 안 된다고 연락이 왔습니다. A 시공사는 인테리어도 예쁘고, 대표님도 좋으셨고, 믿을 만한 업체라고 생각은 했지만, 시공금액이 어떻게 산정된 것인지 알지 못한 채로 계약을 할 수는 없었습니다. 다중주택, 다가구주택을 시공하는 시공사들은 보통 작은 업체들이기 때문에 견적을 내는 인력이 없을 수도 있고, 업체의 시공 수준이 파악이 되었다면 평단가로 계약하고 그 안에서 잘 시공하면 문제없이 건물을 잘 지을 수도 있습니다. 실제 주변에도 그런 사례가 많이 있고요. 다만 저와 남편은 그걸 감내할 수 없어 제외하게 되었습니다.

무엇을 보고 결정했나

마지막까지 시공사를 확정하지 못하고 고민하다가 결정하게 된 계기가 있습니다. 첫째, 지하를 삭제하면서 전체 공사 금액이 줄어들었던 것입니다. 지하가 있던 상태에서는 C 시공사의 금액이 부담스러웠지만, 지하를 삭제한 금액을 받아 보니 가장 싼 금액은 아니었지만, 그리 부담스럽지 않은 금액이 된 것입니다.

둘째는 가치관과 관계가 있는데, 우리는 분명 지어서 팔 수익성 건물을 짓는 것이지만, 무언가 한 끗이 다른 건물을 짓고 싶었습니다. 그런데 B 시공사 대표님의 의견은 수익성만으로 기울어져 있었습니다. 수익성을 최대화할 수 있는 의견을 많이 주셨는데, 정말 감사한 의견이었고, 분명 도움이 되었지만, 이 의견을 다 따라가다가는 그냥 남들과 똑같은 평범한 건물이 나올 것 같았습니다.

그래서 저희는 C 시공사와 계약하게 되었습니다. 두 번째 만난 자리에서 우리의 콘셉트에 대해 대표님께 말씀드렸고, 자신들이 그 콘셉트에 맞는 가성비 있으면서 한 끗 다른 시공사가 맞다고 하셨습니다. 끝까지 미리 정해놓은 시공사는 없었는데, 견적을 내보고, 대화를 해보고 하니 결국 선택의 여지가 별로 없는 상황이 왔습니다. 선택했다기보다는 마지막까지 남은 시공사를 고른 느낌이랄까요? 결국 저희는 건축주의 의견을 존중하면서도 적절한 가이드를 제시하고, 가성비 있지만 한 끗이 다른 그런 시공사와 계약하게 되었습니다.

시공이 다 끝난 지금 다시 한번 시공사 결정 포인트를 생각해보면, 무조건 견적이 가장 싼 곳을 고르는 것은 아닌 것 같습니다. 물량산출을 정확히 내지 않는 이상 그 견적이 정말 싼 건지, 안 좋은 자재를 써서 싼 건지 알 수 없기 때문입니다.

시공사가 믿을 만하고 커뮤니케이션이 잘되는지가 가장 중요한 사항이라고 생각됩니다. 이런 곳을 고르기 위해서는 이미 그 시공사에게 건물을 지은 건축주의 말을 들어보는 것이 도움이 됩니다. 저희 시공사 건물을 지은 건축주를 만나봤는데 시공사 및 현장 소장님 칭찬을 많이 하시더라고요. 시공사 대표님을 만나 직접 이러저러한 이야기를 나눠보면 나와 성향이 맞는 시공사인지를 파악할 수 있습니다.

또 하나 중요한 것은 시공사가 내가 원하는 디자인, 디테일을 해줄 수 있는가입니다. 그 시공사가 지은 건물을 여러 곳 가보시면 판단이 설 것입니다. 결론적으로 저는 시공사 때문에 속 썩은 적이 단 한 번도 없습니다. 오히려 다음 작업도 이 시공사와 하고 싶습니다. 직원 수도 시공 규모도 작은 시공사였지만, 유명한 건축가와 작업도 많이 했고, 디테일이 상당히 좋았습니다. 안 되는 것은 처음부터 안 된다고 확실하게 말씀하셨고, 진행 중에는 필요할 때마다 함께 회의를 해가며 결정사항을 미리 정하고 시공 과정에 제가 신경 쓰지 않아도 최대한 일이 잘 풀리도록 신경을 많이 써주셨습니다. 저렴한 시공사는 현장소장을 비상주로 쓰거나 계약직으로 쓰기도 하는데 저희 시공사 현장소장님은 모두 정직원이었습니다. 자재를 조금이라도 업그레이드하려면 전부 추가 비용이 드는

데 저희 시공사는 이미 업그레이드된 수준의 자재를 견적에 넣었기에 추가로 업그레이드할 것이 거의 없었습니다.

시공사 계약서는
어떻게 쓰나

공사도급 표준계약서

최종 계약을 하기 전 계약서 내용에 대한 합의가 필요합니다. 표준계약서가 있지만, 표준계약서는 그야말로 표준이라 개별적으로는 필요 없는 내용도 들어 있고, 시공사마다 표준계약서를 조금 변형한 계약서를 갖고 계시더라고요. 저는 시공사에서 주신 계약서와 표준계약서를 하나하나 비교해보고 중요한 내용은 다 들어 있다고 판단해 사소한 내용만 몇 가지 수정해 진행했습니다.

공사도급계약서 예시

공사도급계약서

1. 공사명 : 은평구 ○○동 ○○○-○○ 상가주택 신축공사
2. 공사 장소 : 서울특별시 은평구 ○○동 ○○○-○○
3. 공사 구조 : 철근 콘크리트조
4. 공사 기간 : 년 월 일 ~ 년 월 일
5. 공사 금액 : 일금 _____ 원 VAT 별도
6. 공사 금액 지급 방법 :

   A. 계약금(계약 시) : _____ 원

   B. 1차 중도금(착공필증 제출 시) : _____ 원

   C. 2차 중도금(공정률 30%) : _____ 원

   D. 3차 중도금(공정률 50%) : _____ 원

   E. 4차 중도금(공정률 70%) : _____ 원

   F. 5차 중도금(공정률 90%) : _____ 원

   G. 잔금(공정률 100%) : _____ 원

   * 계약이행보증 발급(계약 금액의 10%) : 건설공제조합 보증서 발급

   * 하자이행보증 발급(계약 금액의 3%) : 건설공제조합 보증서 발급

   * 하자이행보증기간 : 건설산업기본법 제28조 및 동법시행령 제30조 규정에 의함.

   * 지체상금율 : 계약금액의 1/1000(계약일반조건 제20조의 규정을 적용함)

"갑"과 "을"은 상호 신의와 성실을 원칙으로 이 계약서에 의해 건설공사계약을 체결하고 각 1부씩 보관한다.

년   월   일

도급인 "갑"	수급인 "을"
성명 : ○○○	상호 : ㈜ XXX
주민등록번호 :	사업자등록번호 :
주소 :	주소 :
연락처 :	

첨부 : 1. 계약일반조건 1부

     2. 특약사항 1부

출처 : 저자 제공

특약에 넣어야 할 것들

특약사항에 이것저것 많이 넣는 분들도 계시는데, 내용을 보면 이미 표준계약서의 계약일반조건에 있는 내용들도 많이 있더라고요. 그래서 저는 민원에 대한 것 정도만 넣었습니다. 현장에서 민원 발생 시 모든 비용을 건축주가 내면 시공사에서 민원처리에 적극적이지 않을까 봐 일정 금액 이하의 민원처리 비용은 시공사가 책임지는 조항을 넣었습니다. 하자이행 공종별 보증금률은 시공사에서 넣었습니다.

계약 특약사항 예시

특약사항

– 하자이행 공종별 보증금률

구분	공종	하자 보증금률(%)	하자담보 책임기간
건축	가설공사, 타일공사, 목공사, 미장공사, 창호공사, 유리공사, 도장공사, 수장공사, 가구공사	3	1년
	조적공사, 석공사, 금속공사, 지붕 및 홈통공사	3	2년
	방수공사	3	3년
	철근콘크리트 공사(기둥, 보, 바닥, 내력벽 공사)	3	5년
토목	토공사, 포장공사	3	2년
	우수공사, 오수공사	3	3년
기계	기계설비공사	3	2년
전기	전기공사	3	2년

– 건축주는 공사 중 특별한 사유 없이 2주 이상 공사 지연 시, 본 계약을 해지하고 타 업체에 수주할 수 있으며, 또한 하도급 및 공사인부들에 대한 시공사의 채무이행 지체로 인해 공사가 지연될 경우 건축주는 기성 공사에 대해 직접공사비를 지급할 수 있다. 이 경우 시공사는 이의를 제기하지 않으며 이로 인해 발생하는 손해에 대해 배상할 책

임이 있다.

- 공사 중 설계 변경 및 자재의 변경으로 인해 발생하는 공사비의 증감은 건축주와 시공사가 서로 합의해 정산하기로 한다.
- 당 현장 민원 발생 시 3,000,000원 이하는 시공사가 책임지며 3,000,000원 초과인 경우에는 건축주가 책임진다.
- 기타 특약사항에 없는 내용은 제출된 견적서의 견적 조건을 따른다.

시공사와의 회의는 기록으로 남겨놓자

저는 실시설계를 미리 하지 못했기에 각 공종 전 시공사와의 회의를 거쳐 디테일을 결정한 부분이 많습니다. 결정할 사항에 대해 시공사에서 미리 준비해오시고, 저희와 회의를 거쳐 결정된 사항은 정리해서 회의록을 보내주셨습니다.

시공사와의 시시비비를 가리기 위해 자동통화녹음을 사용하라는 말을 듣기는 했는데, 저는 안드로이드 폰이라 원래 자동통화녹음을 사용하고는 있었지만, 딱히 녹음까지 하며 시시비비를 가릴 일은 없었습니다. 다만 중요한 결정사항은 저희 시공사처럼 회의록을 작성하거나, 또는 문자로 결정사항을 남겨놓으면 좋습니다. 물론 비용의 증감이 있거나 한 경우는 견적서를 다시 받고 계약서도 수정해야 하고요.

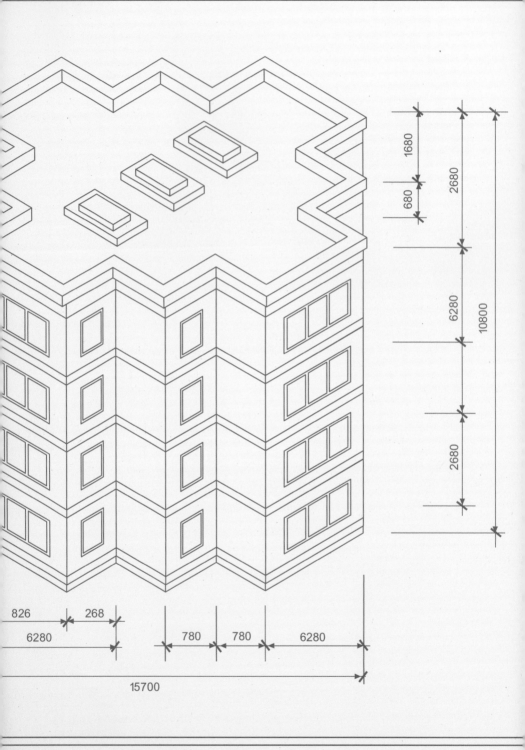

826

268

6280

780

780

6280

15700

1680

680

2680

6280

2680

10800

5장.

철거 및 사전절차

본격적인 공사의 시작
'지적측량'

본격적으로 공사를 시작하기 전 '지적측량'이라는 절차를 거치게 됩니다. 지적측량은 토지를 지적공부에 등록하거나 지적공부에 등록된 경계를 복원할 목적으로 각 필지의 경계 또는 좌표와 면적을 정하는 측량을 말합니다. 이러한 측량을 하는 이유는 정확한 토지의 경계를 알고 집을 짓고, 건폐율에 맞춰 집을 짓기 위함입니다. 만약 경계복원측량을 했는데 다른 집이 내 토지의 경계를 침범하고 있다면 협의하에 경계를 바로 해달라고 하거나, 협의가 안 되면 내 건물의 설계를 바꿔야 하는 상황이 발생할 수도 있습니다. 지적현황측량을 했는데 대지 경계선에서 일정 간격을 띄우지 않았거나, 건폐율을 어겼다면 불법 건축물이 됩니다.

경계복원측량과 지적현황측량

상가주택 신축과 관련된 측량은 경계복원측량과 지적현황측량입니다. 경계복원측량은 지적공부에 등록된 토지의 경계점을 지상에 복원하기 위한 측량입니다. 건축을 위해 경계를 확인할 필요가 있을 때 실시합니다. 경계복원측량은 토지 구입 전이나 설계하기 전에 하면 좋지만, 보통 토지 구입 후 구옥 철거 후에 하는 경우가 많습니다.

지적현황측량은 토지, 지상 구조물 또는 지형지물 등이 점유하는 위치 현황이나 면적을 지적도 및 임야도에 등록된 경계와 대비해 도면상에 표시하기 위한 측량입니다. 건축물 준공 전에 하는데, 보통 골조가 완료된 시점에 합니다. 저희는 경계복원측량에 소실된 점이 있어 재측량을 하면서 측량기사분이 온 김에 현황측량도 하고 가면 좋겠다고 하셔서 골조 완료 조금 전에 하게 되었습니다.

경계복원측량 예시(좌)와 지적현황측량 예시(우)

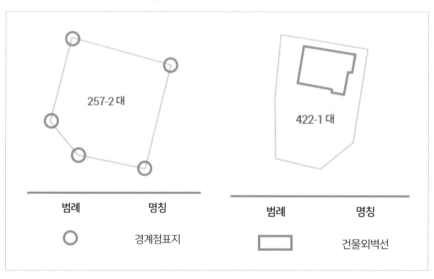

출처 : LX지적측량바로처리센터

측량 신청하는 방법

시공사가 대리 신청할 수도 있지만, 건축주가 직접 신청하는 게 편합니다. 한국국토정보공사(LX)에 전화 또는 인터넷으로 신청할 수 있습니다. 인터넷으로 신청 시에는 '지적측량바로처리센터(baro.lx.or.kr)'라는 곳에서 신청하면 됩니다. 회원가입을 하고 측량 신청을 하면, 측량 종목, 소재지, 상세사항을 묻고 이를 써 넣으면 자동으로 측량 수수료가 계산되어 나옵니다. 수수료를 바로 납부하는 것은 아니고, 상담원의 전화가 와서 세부사항을 확인한 후에 납부를 진행할 수 있습니다.

측량 날짜와 시간은 문자로 보내줍니다. 건축하는 과정에서 담장을 허물거나 하면서 경계점이 소실되면 다시 경계측량을 신청하게 되는데, 3개월 안에 재신청하면 90% 할인해준다고 합니다.

측량하는 날 건축주가 꼭 나갈 필요는 없습니다. 현장소장님이나 대리인이 나가도 문제는 없는데, 저희는 경계복원측량 날에는 입회를 했습니다. 담벼락 위에 점이 딱 찍히네요. 한 시간쯤 측량을 하시고 다행히 경계를 침범하거나 침범당하는 문제 없이 끝났습니다.

사전현황조사는 꼭 해야 할까

사전현황조사는 공사 착공 전에 인접 시설물에 대해 현 상태를 조사하는 것으로 철거 및 굴착공사, 건물 시공으로 인해 인접 시설물의 피해 발생 여부를 판단하는 기초 자료가 됩니다. 철거 전 상태에서 공사 현장 주변 건물에 대한 각종 현황 및 관계 자료를 파악하고 현재 상태의 균열, 누수, 기울기 상태 등을 조사합니다. 또한 향후 공사 시 피해 발생 가능성에 대한 검토 및 안전대책을 제시합니다.

과업 내역은 인접건축물 평면도·외관조사망도 작성, 균열게이지 부착, 경사계 부착, 균열 및 하자부위 사진 및 비디오 촬영, 민원 발생 시 민원처리 업무 협조, 보고서 작성 등입니다.

저는 비용을 들여 사전현황조사를 했습니다. 도심지의 경우 주변 건물이 매우 가까이 붙어 있기도 하고, 주변에 오래된 건물이 많아 공사 민원이 심할 확률이 컸거든요. 민원 및 관련 소송 대비로 해놓는 것이 좋다고 생각했습니다.

그런데 사전현황조사에 드는 비용이 주변 건물 하나당 얼마씩으로 상당히 비싸서 과연 이걸 돈을 주고 해야 하는가 고민이 됩니다. 제 주변 건축주 중에는 돈 들여 사전현황조사를 따로 하지 않고 시공사에서 사진과 비디오를 찍는 정도로 마무리 한 경우도 많습니다. 사진이나 비디오만으로도 증거가 될 수 있고, 결과적으로 문제가 없다면 이런 정도로도 충분할 수 있겠지요.

저의 경우 뒷집에서 저희 공사 때문에 벽에 금이 간 것 같다고 담장을 새로 해달라고 하시더군요. 저는 정말 공사 때문에 새로 간 금이 맞는지 보고서를 보고 확인해봐야겠다고 했으나, 시공사에서는 볼 필요가 없다고 하셨습니다. 추후 다른 민원 제기 방지, 뒷집과의 좋은 관계 유지 등을 이유로 그냥 해주자고 하셨습니다. 결국 돈 주고 사전현황조사를 했지만, 써먹지는 못했습니다. 즉, 작은 일일 때는 굳이 필요 없는 것 같습니다.

그러나 큰 소송이 된다면 필요하다는 결론입니다. 최악의 상황을 대비하거나 주변 집이 밀집되어 있어 민원 가능성이 크다면 고려해봐도 괜찮을 것 같아요. 참, 뒷집 담장을 다시 해주는 비용은 시공사가 들어놓은 보험으로 처리되어서 제가 따로 지불한 비용은 없었습니다.

주변 거주자들에게 인사하기

보통 측량을 시행할 때 주변 집들에 인사를 돌며 공사 사실을 알리게 됩니다. 그런데 이 인사를 시공사만 보내야 할지, 건축주가 같이 가야 할지 고민이 됩니다. 사실 정답은 없습니다. 아무래도 작은 선물이라도 드리면서 얼굴을 보고 인사를 하면 공사하며 시끄러워도 조금 더 이해해주실 수도 있겠지요. 반대로 건축주 얼굴을 아니까 모든 민원을 건축주에게 연락해서 해결해달라고 할 수도 있습니다.

저는 고민 끝에 주변 집에 직접 인사를 가지 않았습니다. 시공사 대표님과 현장소장님, 골조팀장님만 인사를 도셨어요. 만약 직접 살 집을 짓는다면 완공 후에도 얼굴을 봐야 하는 사이니 건축주가 직접 인사를 해도 좋을 것 같고요. 저처럼 직접 살지 않는 집을 짓는다면 꼭 직접 인사하지 않아도 될 것 같습니다.

해체(철거)하기

건축물의 해체는 해체업체 선정 → 해체계획서 작성 → 해체심의 → 해체허가·신고 → 해체감리자 지정 → 해체착공 신고 → 해체공사 실시의 과정을 거쳐 진행됩니다. 해체심의는 해체허가 대상 및 해체신고 대상 중 일부만 받습니다.

해체공사 처리 절차 및 단계

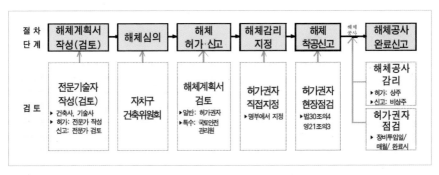

출처 : 서울시 해체공사장 총괄 운영지침

강화된 해체 규정에 주의하자

2021년 광주에서 해체 중이던 건물의 붕괴로 17명의 사상자가 난 큰 사고가 있었죠. 이 사고 이후 정부합동으로 '건축물 해체공사 안전강화방안'이, 서울시에서는 '서울시 해체공사장 총괄 운영지침'이 나와 해체 관련 규제가 강화되었습니다. 건축주 입장에서는 해체에 걸리는 기간도 늘어나고, 비용도 상승하게 되었습니다.

정부합동 건축물 해체공사 안전강화방안(2021. 8월)

첫째, 이전에는 해체계획서를 관리자가 작성했지만, 전문가(**건축사, 기술사**)가 작성하도록 바뀌었습니다. 둘째, 해체허가 대상이 확대되어 해체신고 대상이더라도 주변에 위험 요소가 존재하면 허가 대상이 될 수도 있습니다. 셋째, 해체허가 대상에 대해 해체심의제가 도입되었습니다. 넷째, 해체허가 대상은 상주 감리가 의무화되었습니다. 다섯째, 착공신고제가 도입되었습니다.

서울시 해체공사장 총괄 운영지침(2023. 3월)

첫째, 모든 건축물 해체 시 해체계획서를 작성하며, 모든 해체공사장의 착공신고가 의무화되었습니다. 둘째, 해체공사장 CCTV 설치 및 24시간 녹화 의무화, 해체시공 전 착공신고를 의무화했습니다. 셋째, 허가대상 건축물은 상주감리를 의무화하고, 신고 대상 건축물의 경우 해체공사 현장대리인의 상주를 의무화했습니다.

해체업체 선정 및 해체계획서 작성

저는 시공사 계약 시 해체업무를 포함해 계약했기에 해체업체는 시공사와 많이 같이 일해본 업체로 시공사가 정했습니다.

이전에는 해체계획서를 업체에서 작성했는데, 이제는 전문가(건축사, 기술사)가 작성해야 합니다. 이것 때문에 해체 비용이 증가합니다. 제 경우 해체 비용 자체는 시공사 견적에 포함되어 있었지만, 해체계획서 작성 부분은 중간에 규정이 바뀌어 추가로 발생하는 부분이라서 따로 지불했습니다. 제 주변에는 이런 것을 포함해 심지어 해체감리비도 다 시공 견적에 포함해 받으신 분도 있으니 한번 시도해보는 것도 좋을 것 같습니다.

해체감리자 지정

저희가 해체할 구옥은 연면적 500㎡ 미만&건축물 높이 12m 미만&3개층 이하로 해체신고 대상이고(건축물관리법 제30조), 신고 대상은 원래 건축주 지정감리를 할 수 있음에도 구청에서 허가권자 지정감리를 하라고 통보받았습니다. 허가권자 지정감리는 허가권자(자치구)가 감리 후보 명부에서 무작위로 지정해 건축주에게 통보하는 감리입니다. 큰 건축물을 해체하는 경우에는 아무래도 이해관계가 없는 전문가의 공정한 감리가 필요하겠지요. 단점은 비용이 더 비싸고 비용 협상도 쉽지 않다는 점입니다.

해체신고 대상으로 건축주가 해체감리를 선정할 수 있는 건축주 지정감리의 경우에는 시공사나 해체업체의 아는 건축사를 해체감리로 선정해서 진행하면 빠르고 저렴하게 해체를 진행할 수 있습니다.

저희 건물의 경우 해체신고 대상인 건축물이지만 '건물이 밀집되어 있는 곳에 있는 경우 등 허가권자가 해체작업의 안전한 관리를 위해 필요하다고 인정하는 건축물'에 해당하는 경우 허가권자 지정감리를 해야 한다고 되어 있어(건축물관리법 시행령 제22조 제2항) 이것에 따라 허가권자 지정감리를 하라고 한 것이 아닌가 합니다. 제가 속한 자치구는 해체 시 무조건 허가권자 지정감리를 한다고하네요. 참고로 저랑 비슷한 규모의 구옥 해체 시 다른 구의 경우 건축주 지정감리가 가능한 경우도 있어 구마다 조금씩 다른 듯합니다.

그리하여 감리를 배정받았는데, 배정받은 건축사사무소가 용산구 부촌에 있네요. 건축주가 감리를 선정해 진행한 다른 구의 지인 사례보다 두 배의 감리비를 부릅니다. 건축주 선정 감리비보다는 높지만 감리가 제안한 가격보다는 싼가격으로 협상을 시도해 50만 원 깎아 진행했습니다.

해체착공 신고 및 공사 실시

'해체착공 신고'도 원래는 없던 절차인데 새로 신설되었습니다. 법에 따르면해체허가 대상의 건축물의 경우 착공 신고를 해야 하나, 서울시의 경우 신고 대상의 경우까지 모든 해체공사장에 대해 착공 신고를 해야 합니다. 해체업체에서 대리 신청해주기 때문에 도장만 찍으면 되고 신경 쓸 일은 없었지만, 시간이걸리고 신경 쓰이는 절차가 하나 더 생겼습니다.

해체공사는 가림막을 친 후 굴착기가 들어와 건물을 부수게 됩니다. 먼지 때문에 물을 뿌리고 주변에 주차되어 있는 자동차는 비닐로 보양했습니다. 땅이크지 않아 해체에 하루, 폐기물 반출에 하루 걸렸습니다. 건축허가 변경 등으로시간이 지체되어 구옥 매입부터 해체까지 정말 오래 걸렸는데 막상 해체는 이틀이면 끝났습니다. 해체 시 현장에 직접 가지는 않았습니다. 시공사와 해체업체에서 알아서 해주셨어요.

해체 현장

출처 : 저자 제공

시공사를 빨리 구하면 해체가 편하다

시공사는 구옥 해체 후에 구해도 되지만, 해체 전에 구하고 해체까지 포함해 계약하면 해체 과정의 관리를 시공사에게 맡길 수 있습니다. 따라서 건축추가 해체업체를 구하는 노력이나 견적을 따로 받는 노력을 하지 않아도되고, 해체 과정을 직접 컨트롤하지 않아도 됩니다. 또한 제 경우 중간에 해체 규정이 강화되어 해체 비용이 많이 상승했는데, 이미 시공사 견적에 넣어놓았기에 해체 비용 상승을 피해갈 수 있었습니다.

착공 허가 절차 및
공사감리 선정

해체 후 착공 전에 하는 작업이 몇 가지 있습니다. 하지 않으면 착공허가가 나지 않는 이 작업들에 대해 알아보겠습니다.

착공 전 받아야 하는 조사들

문화재 지표조사

문화재 지표조사란 특정 지역 안에서 건설공사의 시행에 앞서 지표 또는 수중에 노출된 유물이나 유적의 분포 여부를 있는 그대로 조사하는 것을 말합니다. 소규모 사업지의 경우에는 과거에 매장문화재가 출토되었던 곳에서 시행되는 건설공사나, 문화재가 매장되어 있을 가능성이 높은 지역에서 시행되는 건설공사, 또는 이에 준하는 지역으로서 조례로 정하는 구역에서 시행하는 건설공사에서 시행합니다. 서울시의 경우 한양도성의 보호구역 외곽 100m 이내 지역에서 시행되는 건설공사에 문화재 지표조사를 해야 한다고 조례로 정해놓았습니다.

문화재 지표조사를 하지 않는 자치구도 있지만, 은평구는 필수라고 합니다. 문화재 지표조사 비용은 국가에서 지원한다고 하는데, 신청하면 시간이 오래 걸려서 보통은 그냥 돈 내고 한다고 합니다.

지표조사를 위해 땅을 파고, 조사 후 다시 덮습니다. 업체에서 결과보고서를 서울시로 보내 서울시에서 '매장문화재 표본조사에 따른 완료조치 통보'를 받았습니다.

지질조사

지질조사(지반조사)는 신축 부지에 대한 지층 분포 특성을 파악하고, 설계 및 시공에 필요한 자료를 수집하기 위한 자료를 제공하기 위해 실시합니다. 시추조사, 표준관입시험, 지하수위 측정의 작업이 이루어집니다. 저희 땅은 보고서를 보니 17m를 파고 들어가 테스트했더니 매립층, 퇴적층, 풍화토층, 연암층으로 이루어져 있으며 매립층에 지하수위가 있다고 했습니다.

지내력 테스트

지내력 테스트(평판재하시험)는 땅에 하중을 가해서 지반의 지지력이나 지반 계수를 구하는 시험입니다. 설계에 계획된 지내력 이상이 테스트에서 나오면 됩니다. 만약에 계획된 지내력이 안 나오면 보강해야 합니다. 실제로 주변에 신축하신 분들 중 지내력이 나오지 않아 팽이 기초 등으로 보강을 하는 경우도 왕왕 있었습니다. 저희는 설계가 15톤인데, 지내력이 16.9톤이 나와서 다행히 보강은 필요 없었습니다.

지질조사와 지내력 테스트 결과는 착공신고를 위해 제출해야 하는 서류 중 하나입니다. 지질조사 없이 지내력 테스트만으로 착공신고가 가능한 곳도 있습니다.

지질조사(좌)와 지내력 테스트(우)를 하는 모습

출처 : 저자 제공

공사감리 선정하기

'공사감리자'는 자기 책임하에 법이 정하는 바에 의해 건축물·건축설비 또는 공작물이 설계도서의 내용대로 시공되는지의 여부를 확인하고 품질관리·공사 관리 및 안전관리 등에 대해 지도·감독하는 자를 말합니다. 건축허가를 받는 건 축물을 건축하는 경우 공사감리자를 지정해 공사감리를 해야 합니다.

허가권자 지정감리 vs 건축주 지정감리

공사감리자를 건축주가 고르거나, 설계를 한 건축가를 감리로 선정할 수 있 는 경우도 있고, 허가권자가 무작위로 지정해주는 경우도 있습니다. 다중주택, 다가구주택, 다세대주택 등은 허가권자 지정감리를 합니다. 다만 설계공모 입 상 등 역량 있는 건축가가 설계한 건물의 경우 설계를 한 건축가를 감리로 선정 할 수 있습니다.

공사감리자 신청 절차

설계사무소에서 건축주를 대리해 구청 건축과(허가권자)에 공사감리자 신청을 했습니다. 그러면 정해진 풀에서 무작위로 감리를 지정해줍니다. 듣기로는 해당 구의 주변 3개 구 정도에서 지정된다고 합니다.

공사감리 계약

저희는 중구의 한 건축사사무소로 공사감리가 지정되었습니다. 건축감리가 까다로운 분이 걸려서 고생하는 분들 이야기도 들었기에 복불복인 감리 지정에 조금 긴장했는데, 마침 설계해주신 건축사님과 안면이 있는 분이었습니다. 설계 건축사님이 연륜이 있으시고, 발이 넓으신 분이라 많은 도움을 받을 수 있었습니다.

감리 계약 자체는 간단합니다. 도장을 찍고, 계약금을 보내면 끝입니다. 계약 후에는 설계 건축사님의 지휘 아래 감리를 모시고 현장에 다녀왔습니다. 현장에는 현장소장님이 계셔서 건축사, 건축감리와 현장에 대해 대략적인 이야기를 나누셨습니다. 아무래도 주변에 집들이 있어 기존 벽과 바닥 기초에 대한 이야기를 나누시더라고요. 현장소장님께서 이러저러하게 처리를 할 거라고 말씀하시니 크게 이의를 제기하지 않고, 신경 써야 할 부분에 대해서 체크해주시는 정도로 현장 탐방은 끝났습니다.

실전 건축
셀프로 건물멸실등기를 해보자

시공사를 통해 '건축물 해체공사 완료(멸실) 신고 확인증'을 받았습니다. 해체업체에서 멸실 신고를 하면 건축물대장이 말소됩니다. 건축물대장을 인터넷(정부24)에서 발급받으려고 하면 없는 것으로 나옵니다. 그러나, 등기에는 아직 건축물이 남아 있어서 멸실등기를 해줘야 합니다.

촉탁등기

촉탁등기라는 게 있어서 이 제도를 잘 활용하면 직접 법원에 가서 멸실등기를 하지 않아도 됩니다. 구청에 멸실 신고할 때 촉탁등기를 신청하면 구청에서 법원으로 바로 멸실등기 신청이 된다고 해요. 그래서 저도 이 제도를 활용하고자 미리 시공사에 문자를 남겨놨었는데, 등기촉탁은 건축주가 하는 거라고 합니다. 그런데 말소 신고는 해체업체가 해주거든요. 해체업체에 직접 연락해서 부탁을 해놨어야 하는데 시공사한테만 문의하고 잊고 있었어요. 그리하여 해체업체에서는 그냥 말소 신고를 해버렸고, 말소 신고와 동시에 등기촉탁을 안 했기에 건축주가 따로 멸실등기를 해야 한다고 합니다.

게을렀던 스스로에게 짜증을 내며, 이런 것에 돈 쓰기는 아까우니까 셀프 등기를 준비합니다. 멸실등기는 매도자, 매수자가 있는 게 아니라서 필요 서류가 비교적 간단합니다.

필요 서류

1. 건물멸실등기 신청서

2. 말소 건축물대장

3. 멸실등기를 위한 등록면허세 영수증

4. 등기신청 수수료 납부

5. 등기부등본(신청서 적을 때 참고하기 위해 필요)

우선 인터넷등기소 자료센터 '등기신청양식'에서 '건물멸실등기신청서'를 다운로드해 작성합니다. 작성 방법은 파일 내에 예시까지 잘 나와 있습니다.

여기서 중요한 것은 '① 부동산의 표시' 부분을 쓸 때, 건축물대장이 아니라 등기부등본에 나온 그대로 적어야 한다는 것이에요. 여기까지 쓰고, 도장 찍고, 첫째 장을 접어 둘째 장과 겹치게 간인을 해야 하는데, 간인이 자신 없으면 일단 그냥 하지 말고 가져갑니다. 전 그냥 안 하고 가져갔어요. 등기소 민원안내실에서 잘 알려주시니까요.

서류는 수정될 것을 고려해 몇 장 더 뽑아 가시는 게 좋습니다. 저는 내용을 적은 것도 몇 장 더 뽑고, 아예 서식만 있는 것도 몇 장 뽑아갔어요. 이미 적은 내용 중에 혹시 틀린 게 있으면 손으로 다시 적으려고요.

구청에서 해야 할 일들

우선 구청에 가서 '말소' 건축물대장을 발급받습니다. 보통은 민원실 또는 지적과에서 발급 가능합니다. 제가 간 구청의 경우 지적과의 건축물대장을 발급해주는 창구에서 돌면 바로 세무과의 등록면허세 영수증을 발급하는 곳이 있습니다. 여기서

'멸실등기 위한 등록면허세 영수증'을 발급받으러 왔다고 말하면 발행해줍니다. 이 걸 들고 은행에 가서 금액을 납부하고 도장이 찍힌 영수증을 챙깁니다.

등기소에서 해야 할 일들

등기소에 방문해 자동화 기기에서 등기신청 수수료를 납부합니다. 납부 수수료 는 3,000원을 선택하시면 됩니다. 준비된 서류를 순서에 맞게 편철합니다. 편철 순서 는 1) 건물멸실 등기 신청서 2) 말소 건축물대장 3) 등록면허세 영수증입니다.

등기소에는 '등기 신청 절차 안내'를 해주는 분이 있으니 번호표를 받아 맞게 했 는지 확인을 받습니다. 멸실등기 셀프로 하러 왔다고 하면 잘 검토해주십니다. 조금 잘못한 부분이 있어도 직접 고쳐주십니다. 검토받은 서류로 등기서류를 접수하면 끝 입니다.

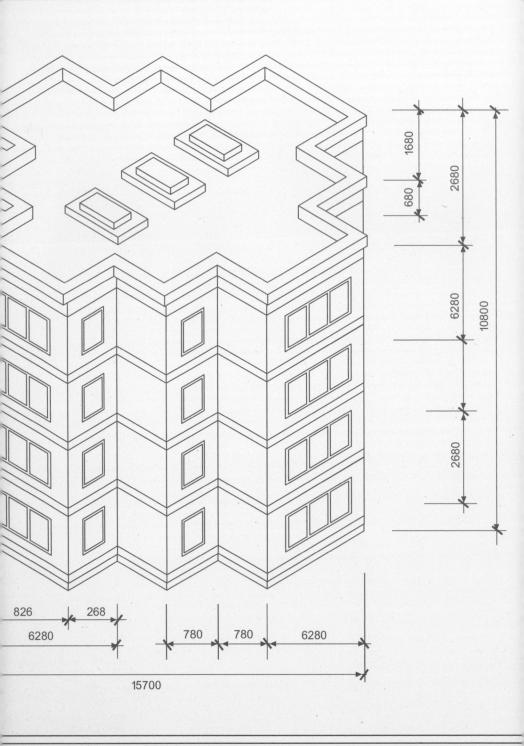

1680

680

2680

6280

10800

2680

826 268

6280

780 780 6280

15700

6장.

건물 시공과
외장재 공사

기초공사와 골조공사의 순서

일단 시공에 들어가면 건축주는 한시름 놓게 되는 거 같아요. 시공사가 알아서 쭉쭉 시공을 해주니까요. 골조공사를 하는 동안에는 현장에 몇 번 가지도 않았습니다. 설계만 꼼꼼하게 잘되어 있다면 골조공사 때는 제가 결정해야 할 것이 거의 없고, 시공사와 현장소장님이 도면대로 잘 시공해주시면 문제될 것이 별로 없기 때문입니다. 골조공사는 비전문가인 건축주가 봐도 잘 모르기 때문에 시공사를 믿고 설계도와 다르게 시공된 부분이 있는지 정도로 제가 알 수 있는 부분만 체크했습니다.

기초공사 – 터 파기, 잡석 다짐, 버림 콘크리트 타설

해체를 하고 난 빈 땅에 터 파기를 하고, 잡석 다짐을 합니다. 잡석 다짐이란 땅을 평평하고 단단하게 하기 위해 잡석을 까는 것을 뜻합니다. 잡석 다짐을 한 후 콘크리트를 부어 버림 콘크리트 타설 작업을 합니다. 이 작업들은 지면을 평

탄화해 건물을 잘 지지할 수 있도록 해줍니다.

버림 콘크리트 타설

출처 : 저자 제공

정화조 및 통신 맨홀 매립

기초공사가 끝나면 정화조와 통신 맨홀을 땅에 묻습니다. 이 작업은 마무리 공사 때 하는 경우도 있지만, 주변에 건물이 많거나 도로가 좁으면 건물이 올라 간 후에는 작업하기가 어려울 수 있어 기초공사 후에 하는 경우가 많은 것 같습 니다.

정화조 및 맨홀 매립

출처 : 저자 제공

정화조는 건물의 잘 안 보이는 곳에 설치하기도 하지만, 공공하수관로와 가깝고 연결하기 용이한 곳에 설치해야 하기 때문에 도로의 공공하수관로와 가까운 주차장 쪽 바닥에 설치했습니다. 또한 정화조 배기구를 옥상으로 빼서 냄새가 나는 것을 방지했습니다.

골조공사 – 철근 배근과 콘크리트 타설

기초공사로 지면이 정리되면 콘크리트 타설을 위한 임시 구조물인 거푸집을 만들고 철근을 배근한 뒤 콘크리트를 부어 철근 콘크리트 구조를 만듭니다. 골조공사의 초반에 철근이 들어오는데, 이때 건축감리가 철근이 제대로 들어왔는지 확인합니다. 건축주도 함께 확인하면 좋습니다. 저는 소장님께서 찍어 보내주신 사진으로 철근의 원산지와 회사를 확인했습니다. 철근이 제대로 들어갔는지 같은 사항은 비전문가는 봐도 잘 모르기 때문에 시공사와 감리를 믿고 진행했습니다.

철근 배근

출처 : 저자 제공

전에는 중국산 철근을 쓰는 경우가 있어 국산 철근으로 한다고 계약서 특약에 넣기도 했다는데, 요즘은 철근 수입이 어려워 오히려 국산이 구하기 쉽다고 합니다.

거푸집을 만들고 철근을 배근하고, 시멘트를 부어 1층부터 한 층 한 층 올라갑니다. 이때 벽 속으로 들어갈 전기와 하수도, 수도 배관 작업도 같이 진행됩니다. 콘크리트를 타설할 때마다 콘크리트 납품서를 소장님께서 확인시켜주셨습니다. 겨울에 골조공사를 진행해서 너무 추우면 콘크리트가 잘 안 굳기 때문에 한 층 올리는 데 10~14일쯤 걸린 것 같습니다.

공사가 진행되는 기간에는 높은 곳에서 작업하기 위해 가설로를 설치하는 구조물인 비계(아시바)가 건물을 다 가리고 있어 외부에서는 작업이 잘 보이지 않습니다. 또한 골조가 올라갈 때는 건축주가 할 일이 별로 없습니다. 이 기간에 내장 인테리어 부분에 대해 여러 가지를 미리 고민하고 결정했습니다.

콘크리트 타설

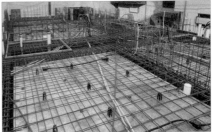

출처 : 저자 제공

콘크리트 타설

골조 완성

외장공사 및 비계 해체

외장공사에는 창호 설치, 외부 단열재 및 외장재 시공, 지붕공사 등이 포함됩니다. 사실 외장공사의 시공 세부사항에 대해 건축주가 잘 알기 힘들고, 깊게 알 필요도 없기 때문에 여기서는 간략하게만 언급하고 뒤에서 건축주가 결정해야 할 사항에 대해 자세히 설명하겠습니다.

골조가 완성되고 외장재 시공을 마치면 비계를 해체하게 됩니다. 비계를 해체하면 비로소 건물의 모습이 온전히 드러납니다.

비계 해체 전(좌)과 해체 후(우)

출처 : 저자 제공

내장공사

내장공사에는 방수, 미장, 타일, 목공, 금속, 석공사, 수장공사를 비롯해 인테리어 공사가 모두 포함됩니다. 내장공사의 경우에도 시공 자체에 대해서는 건축주가 자세히 알 필요가 없고, 어떤 자재와 디자인을 선택하는지가 중요하므로 뒤의 인테리어 파트에서 건축주가 결정해야 할 사항에 대해 자세히 설명하겠습니다.

건축일지를 작성해보자

집을 짓는 과정을 건축일지로 작성해놓으면 좋습니다. 저는 노션(notion)이라는 프로그램을 사용해 일지를 썼는데, 엑셀로 작성해도 좋습니다. 신축의 주요 이벤트에 대해 날짜와 내용, 금액을 적어두면 나중에 기억하기 편합니다. 노션으로 일지를 작성하는 경우 같은 내용을 월별, 공정별, 비용 종류별로 따로 볼 수 있고, 자동으로 비용계산도 되어 편했습니다.

벨템포 건축일지(일부)

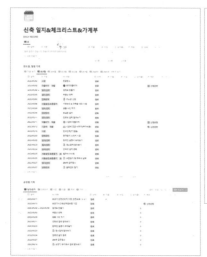

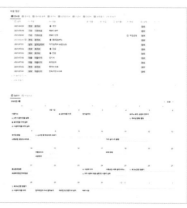

출처 : 노션, 저자 제공

그 밖에
신경 써야 할 부분들

상가 시공

벨템포의 1층은 상가입니다. 22평이나 되기에 이면도로의 상가 평수로는 좀 넓습니다. 제가 건축주로서 고민했던 것은 상가 공간의 마감을 할 것인가, 상가를 두 개로 나눌 것인가, 냉난방기를 달아줄 것인가였습니다.

상가는 어차피 세입자가 인테리어를 하기에 저는 콘크리트 바닥과 벽체가 드러나게 놔두고 마감 공사를 하지 않았습니다. 또한 상가를 두 개로 나누면 임대가 더 빨리 나갈 수 있겠지만, 관리의 편의성을 위해 통으로 놔두었습니다. 다만, 통임대가 안 될 경우를 생각해서 10평대 2개로 나눌 수 있도록 수도 배관도 2곳, 냉난방기도 2개를 달았습니다. 조명을 넣은 간판을 달 수 있도록 전선도 미리 빼놓았습니다.

상가에 냉난방기를 주인이 미리 설치해주는 경우도 있고, 세입자가 설치하는 경우도 있는데요. 세입자가 설치하는 경우에는 세입자가 나갈 때 다음 세입자에게 설치 권리금을 받습니다. 냉난방기 설치 비용이 부담된다면 지을 때 설치하지 않아도 되지만, 설치해놓으면 임대를 놓을 때 조금 유리하지 않을까 싶어서 미리 설치했습니다.

마감 전 상태의 상가

출처 : 저자 제공

수도 계량기 설치

공동주택이라면 당연히 가구별로 수도 계량기를 따로 설치해야 하지만, 다가구주택이나 다중주택은 단독주택이라서 실제 여러 가구가 살아도 계량기를 따로 설치하지 않아도 됩니다. 이 경우 집주인이 관리비에 수도 요금을 포함해 받고, 집주인이 통으로 수도 비용을 냅니다. 이렇게 하는 이유는 가구별로 계량기를 따로 설치하는 데 비용이 꽤 들어가기 때문입니다.

제가 소유하고 있는 오래된 다가구주택의 경우에도 계량기가 하나라 수도요금이 하나로 나오는데요. 신경 쓸 일이 많은 것은 아니지만, 그래도 조금 불편한 면이 있었습니다. 세입자들도 자신이 수도를 얼마를 써도 비용은 똑같이 내니 물을 펑펑 쓸 수도 있고요. 관련 분쟁도 많아서 몇 년 전부터는 다가구주택도 신축의 경우 세대별 수도 계량기 설치가 의무화되었습니다. 그러나 다중주택의 경우에는 의무화가 아니라서 그냥 통으로 설치하기도 하고, 개별로 설치하기도 하더라고요. 저는 세대수가 많지 않고, 이 건물을 팔더라도 다음 주인에게도 더 편하겠지 싶어서 개별 계량기를 달기로 했습니다.

부대 토목 공사 및 부지 정리

공사 막바지에 부지를 정리하는 여러 부대 공사들이 있습니다. 부지 경계석과 담장, 대지 내 배관 공사, 하수관 연결 및 도로 재포장 공사, 주차장 공사 등입니다.

이런 공사들은 시공사 견적에 포함되어 있지 않으면 추가로 지불해야 하니 처음부터 견적에 포함시키든가 아니면 부대 공사 용도의 비용을 따로 생각해놓아야 합니다.

주차장 바닥의 경우 컬러콘크리트, 투수블럭, 잔디블럭 등으로 깝니다. 저희 남편은 잔디블럭에 대한 로망이 있었지만, 실제 설치하신 분에게 잔디가 계속 자라거나 죽고, 벌레나 동물들이 모이는 등 관리가 매우 불편하다는 말을 들었습니다. 컬러콘크리트를 까는 것이 가장 저렴했으나, 도장이기 때문에 벗겨지거나 균열, 들뜸 현상이 있을 수 있다고 합니다. 그래서 컬러콘크리트보다는 비싸지만 투수블럭을 깔았습니다. 투수블럭이란 빗물이 투수되는 구조로 된 블록으로 관리·보수가 더 편합니다. 주차 라인은 따로 그리지 않고 투수블럭 색깔을 달리해 표시했습니다.

투수블럭을 활용한 주차장 바닥

출처 : 저자 제공

CCTV 설치

CCTV는 건물의 각 면이 보이게 설치합니다. 특히 한 개는 꼭 쓰레기장을 비추도록 설치하는 것을 권해드립니다. 상가주택에서는 다른 집 사람들이 우리 집에 쓰레기를 버리고 가는 일이 빈번하게 일어나는데, 이를 방지할 수 있기 때문입니다.

실전 건축
현장소장님의 중요성

　실제 시공에 있어서 굉장히 중요한 부분을 차지하는 것이 '현장소장님'입니다. 건축주는 비전문가기도 하고 항상 현장을 체크할 수가 없기 때문에 현장소장님의 능력에 따라 시공 퀄리티와 현장 분위기가 달라진다고 해도 과언이 아닌 것 같습니다.

　만약 현장소장님을 직접 고를 수 있다면 해당 시공사가 시공한 건물의 건물주 이야기를 들어보고 현장소장님이 괜찮았다고 하면 그분으로 배치해달라고 하는 방법도 있을 것입니다. 저는 그냥 시공사에서 정해주시는 대로 저희 현장의 소장님을 만났고, 중간에 골조공사 후 현장소장님이 한 번 바뀌기도 했지만, 현장소장님들이 전부 시공사에 속한 정직원이었고 젊고 능력 있는 분들이라 안심하고 진행할 수 있었습니다.

　공사 현장을 많이 겪어본 것은 아니지만, 현장소장님 하면 떠오르는 이미지가 몇 가지 있었는데요. 작업복 조끼에 나이는 조금 지긋하신 그런 이미지를 갖고 있었던 것 같아요. 현장소장님이 나이가 많으면 뭔가 올드할 것 같아 걱정이 되는 반면, 경험이 많아서 민원이나 일처리를 잘하시는 것 같고요. 반대로 나이가 적은 경우 경험이 너무 없으면 어쩌나 걱정을 하게 되는 것 같아요.

　그런데 저희 현장소장님은 너무 젊고 깔끔하고 패셔너블한 분이어서 깜짝 놀랐습니다. 주변 집들에 인사를 돌 때 직접 가지 않아서 몰랐는데, 현장소장님께서 말씀하

시기를 "뒷집은 저랑 종친이라서 괜찮고요. 건너편 집은 불만이 많으신데 제가 살살 잘 달래드리고 있습니다"라고 하시더라고요. 이 말을 듣고 젊은 분이지만 수완이 좋으신 분이구나라는 생각이 들었습니다. 해체부터 문화재 지표조사, 지질조사까지 아직은 현장에 한 번도 안 갔는데 사진을 찍어서 카톡으로 보내주시고, 건축사님께도 찾아가 이것저것 물어보시고 아주 적극적이시더라고요.

설계 건축사님과 건축감리분과 밥을 먹으며 이렇게 말씀드렸거든요. 건축사, 건축감리, 시공사 다 잘 만난 것 같아서 너무 좋다고요. 그랬더니 건축감리분께서 저보고 정말 중요한 말을 했다고 하셨어요. 건축은 한 명이 잘해서 되는 게 아니라, 설계, 시공, 감리, 건축주가 전부 다 잘 맞아야 잘 돌아가는 거라고요.

허가를 앞두고 급하게 구하게 된 건축사님이었지만 누구보다 열정적으로 일을 처리해주셨습니다. 여러 고민 끝에 정하게 된 시공사와 누가 될지 몰랐던 현장소장님과 더불어 건축감리를 구할 때는 운에 기댈 수 밖에 없었지만, 좋은 운과 좋은 결합으로 좋은 결과를 낳은 것 같습니다.

건물의 첫인상을
결정하는 외장재

내외부 자재를 고르기 전에 전체적인 컬러 계획을 먼저 해놓으면 건물이 통일성 있어 보이고 좋습니다. 컬러 계획이 되어 있지 않은 건물은 색깔이 중구난방 섞여 있어 감각이 없어 보이더라고요.

벨템포의 외부 메인 컬러는 연그레이로, 포인트 컬러는 진그레이로 결정했습니다. 외부가 하나의 콘크리트 덩어리 비슷하게 보였으면 했어요. 그래서 전체를 좌우하는 외장재와 줄눈(메지)은 콘크리트 색깔과 비슷한 연그레이로, 포인트가 되는 난간과 지붕, 창문틀은 진그레이로 정했습니다.

외장재 찾아 삼만리

기존에 많이들 사용하던 스타코와 석재, 벽돌부터, 세라믹 타일, 벽돌 타일까지 참 다양한 외장재가 있습니다. 저도 외장재를 쉽게 결정하지 못하고 마음에 드는 외장재를 고르기 위해 신축 건물을 엄청 보러 다녔습니다. 하도 다니다 보니 요즘의 외장재 트렌드와 지역별 특성도 보이더라고요. 서울, 그중에서도 땅값이 비싼 곳은 벽돌, 롱브릭이 많았습니다. 서울 아닌 곳은 석재가 많았고요. 전반적으로 최근 신축의 예쁜 건물은 벽돌, 롱브릭 건물이 많았고 영롱 쌓기 등 벽돌 쌓는 방식에 멋을 낸 건물도 많이 보였습니다.

외장재를 파는 여러 곳에도 직접 가봤습니다. 최근 새롭게 외장재로 쓰이고 있는 세라믹 박판 타일을 보러 타일 업체에도 방문했고, 석재상으로 가장 유명한 이천의 석재상도 직접 가보고, 최근 엄청 인기 있는 콘크리트 벽돌 업체를 찾아 여주까지 직접 방문해 상담을 받았습니다. 이렇게 자재상에 직접 상담을 받으면 외장재에 대한 장단점, 트렌드, 비용, 그 외장재를 사용해 지은 건물의 주소 등 여러 정보를 얻을 수 있습니다. 저는 남편이 건축가라서 외장재 공부도 할 겸 직접 여기저기 방문했지만, 꼭 이렇게 다 다니지 않고 건축사사무소나 시공사를 통해 샘플을 받아 고르셔도 됩니다. 단, 샘플을 직접 보지 않고 사진이나 그림만 보고 시공사에서 기존에 시공하는 대로 시공하는 것은 지양하시길 바랍니다. 직접 보는 것과 다를 수 있거든요.

벽돌 타일로 결정한 이유

꽤 여러 가지 외장재를 두고 갈팡질팡 고민을 많이 했습니다. 세라믹 타일, 대리석, 인조 라임스톤, 벽돌, 벽돌 타일을 두고 고민했어요. 처음에 하려고 했던 외장재는 '세라믹 타일' 또는 '박판 타일'이라고 불리는 것이었는데, 비싼 석재와 같은 무늬와 강도를 재현하면서도 가격이 저렴해서 매력적이었습니다. 그런데 세라믹 타일은 외장재로 사용된 지 그리 오래되지 않아 과연 건물이 오래되어도 상태가 괜찮을지에 대한 확답을 얻지 못했습니다. 줄눈을 따라 때가 탄 것도 잘 보였고요.

루나크림, 머쉬룸크림 등의 천연 라임스톤은 크림색으로 정말 예뻤는데 수익형 주택에 쓰기에는 좀 비싸기도 했고, 강도도 약한 편이라서 망설여졌습니다. 집 주변 상가주택에 인조 라임스톤이 예쁘게 쓰인 것을 보고 업체 미팅까지 했으나 라임스톤의 강도가 약한 것이 걱정되어 하지 않았고요. 벽돌의 경우 정말 예쁘지만, 수익형 주택에 쓰기에는 가성비가 떨어졌습니다.

외장재의 장단점 비교

후보 외장재	장점	단점
세라믹 타일	강도가 세다. 경제적인 가격에 석재 무늬 재현 가능	외장재로 쓰인 지 얼마 안 되어 검증이 부족하다. 때 탄 것이 잘 보인다.
천연 라임스톤	예쁘다.	강도가 약하다. 비싸다.
인조 라임스톤	저렴하고 깔끔하다.	강도가 약하다.
벽돌	예쁘다.	재료비, 인건비가 비싸다. 백화현상
벽돌 타일	저렴한 비용으로 벽돌 효과 가능	탈락 위험 인건비가 비싸다.

출처 : 저자 제공

이런 외장재를 쓴 건물들을 가보기도 하고 장단점도 파악해보았으나, '모든 외장재는 다 장점과 더불어 단점이 있다'라는 결론에 도달했습니다. 그렇다면 그냥 내 눈에 가장 예뻐 보이는 걸로 하자는 결론을 내렸어요.

결국 제가 선택한 외장재는 벽돌 타일입니다. 요즘 유행하는 가성비 있으면서 모던한 시멘트 롱브릭 타일로 결정했습니다. 시멘트 롱브릭 타일의 장점은 예쁘고 저렴하다는 겁니다. 단점은 타일을 붙이는 시공 인건비가 비싸서 결과적으로 아주 싸지는 않습니다. 또한 길이가 길어서 갈라질 위험이 있습니다. 벽돌과 마찬가지로 색이 진하면 백화현상이 눈에 잘 띕니다.

롱브릭에 금이 간 건물을 많이 봐서 걱정을 많이 하며 시공사에도 문의했었는데요. 벽돌은 쌓는 방식이라 위아래로 하중을 많이 받기 때문에 길이가 길면 하중을 견디지 못하고 금이 갈 수가 있다고 합니다. 그래서 벽돌의 경우 30cm가 넘는 것은 되도록 안 하는 게 좋다고 하네요. 할 때도 하중을 분산시키기 위한 장치를 잘해야 하고요.

그런데 제가 고른 외장재는 벽돌이 아니라 벽돌 '타일'이기 때문에 쌓는 게 아니고 벽에 붙이는 거여서 하중을 그리 많이 받지 않습니다. 그래서 금이 갈 확률은 적다고 합니다. 제가 본 금이 간 건물들은 타일이 아니고 벽돌이었어요. 또한 지내력의 영향도 받는데, 제가 본 금 간 건물들은 모두 지내력이 좋지 않은 곳의 지하 2층까지 판 건물들이었어요.

그러나 하자는 항상 발생할 수도 있기 때문에 하자 발생 시 대처 방안을 문의드렸습니다. 같은 벽돌 타일로 다시 붙이는 방법이 있으나, 생산 시기가 다르면 색깔이 달라 표시가 나기 때문에 그렇게 하기보다는 벽돌 가루를 갈아서 금을 메꾸는 방식으로 보수를 한다고 합니다. 하자 대처를 할 수 있는 경우라고 생각했기 때문에 벨템포의 외장재로 결정했습니다.

원하는 외장재를 시공사에 먼저 제안하다

시공사에서도 제안을 해주시겠지만, 저도 제가 보고 다닌 것들 중에 마음에 들었던 것들이 있었기에 시공사에 원하는 외장재 스타일을 제안드렸습니다. '저는 이런 느낌을 원하니 이런 느낌이 나는 외장재로 추천해주세요'라는 것이죠. 제가 시공사에 제안했던 프리젠테이션 파일입니다.

'원하는 소재 - 벽돌 타일, 원하는 스타일 - 모던, 원하는 색깔 - 그레이 계통'으로 해 예시 사진을 첨부했습니다. 저의 제안서를 보고 시공사에서 롱브릭 타일을 생산하는 두 업체의 그레이 색 중심으로 견적을 내주었고, 그중 제가 마음에 드는 것을 선택했습니다.

시공사에 보낸 벨템포 외장재 제안서

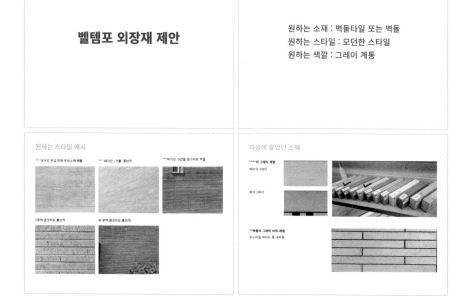

시공 디테일 결정하기

롱브릭 타일을 외장재로 하는 경우 우레탄 보드 단열재 및 메쉬를 시공하고, 그 위에 롱브릭 타일을 붙입니다. 타일 계통의 외장재의 경우 접착제로 벽에 붙이는 방식이기 때문에 날씨가 너무 추우면 잘 붙지 않고 떨어질 수도 있다고 합니다. 그래서 겨울에 시공했던 저의 경우에는 내장을 먼저 하고, 날씨가 따뜻해

진 후에 외장재를 시공했습니다.

롱브릭 타일의 브랜드 및 색깔 결정, 타일 사이 줄눈 색깔 결정은 모두 직접 샘플과 목업(mock-up)을 보고 선택했습니다. 롱브릭을 시공할 때 세로 줄눈을 넣지 않고 가로 줄눈만 하는 게 깔끔하고 예쁘긴 한데, 타일의 경우에는 접착제로 붙이기 때문에 접착력을 높이는 차원에서 세로 줄눈도 넣는 게 좋겠다고 하셔서 그렇게 결정했습니다.

줄눈 색깔은 타일과 비슷한 색으로 하면 건물 전체가 하나의 색으로 보입니다. 반대로 줄눈을 더 진한 색으로 하면 벽돌 모양이 강조되어 보입니다. 저는 가장 연한 회색으로 줄눈을 골랐습니다. 벽돌 타일의 색깔과 비슷해서 한 덩어리로 매스감 있게 표현되길 원했어요. 줄눈을 벽돌 타일보다 안쪽으로 넣어서 그림자를 통해 약간의 입체감만 주었습니다. 코너는 코너석을 사용해 타일 티가 나지 않고 벽돌처럼 보이게 했습니다.

외장재 줄눈 목업(좌)과 시공 결과(우)

출처 : 저자 제공

코너석을 사용하지 않았을 경우(좌)와 사용한 경우(우)

출처 : 저자 제공

기능성과 심미성이
모두 중요한 창호

창호는 형태에 따라 미서기창과 시스템창으로 나눌 수 있는데요. 미서기창은 옆으로 밀고 닫는 창으로, 흔히 볼 수 있는 형태의 창입니다. 시스템창은 보통 여닫이 형태로 되어 있어 창호를 앞으로 당기거나 밀어서 여는 형식의 창입니다. 미서기창보다 방음성과 기밀성이 뛰어납니다.

미서기창은 싸지만, 창문을 크게 내는 경우 창문 하단에 난간이나 바를 달아야 할 수도 있습니다. 저는 창문에 난간이나 바가 달리는 것이 디자인상 싫더라고요.

반면 시스템창은 크게 키워도 위에만 열리게도 할 수 있으니까 창문을 키우면서도 깔끔하게 처리할 수가 있습니다. 물론 밀집한 주택가에서 창문이 크다고 꼭 좋은 건 아니지만요. 시스템창은 미서기창보다 비쌉니다.

저희는 원래 설계도상에는 창호가 미서기창으로 되어 있었습니다. 그런데 아무래도 미관상으로는 시스템창이 훨씬 예쁘잖아요. 수익형 주택은 항상 수익률을 생각해야 하기에 미서기창과 시스템창 사이에서 고민을 좀 했습니다.

난간을 안 달 수 있는 크기의 미서기창으로 하는 방법, 전면은 시스템창으로 하고 잘 안 보이는 곳은 미서기창으로 하는 방법, 전체 시스템창으로 하는 방법 중에 고민했는데요. 돈은 조금 더 들지만 전체 시스템창호로 진행했습니다.

창호 시공 시 가구나 큰 가전과 간섭이 없는지 다시 한번 체크해봅니다. 저의 경우 호실 중 하나가 창호 옆으로 세탁기와 건조기가 들어가는데 그 부분을 미리 체크하지 못해서 창문이 세탁기 안쪽까지 들어가게 되었습니다. 그러나 시공 전에는 수정이 가능하기에 간섭 부분을 수정해 창문의 위치와 크기를 조정했습니다.

벨템포의 시스템창호

출처 : 저자 제공

안전난간이 필요 없는 창문 크기

지나다니다 보면 큰 창문에 난간이 달려 있는 것을 본 적이 있을 거예요. 3층 이상인 주택의 창에는 바닥의 마감면으로부터 창대 윗면까지의 높이가 110cm

이상이 되지 않는 경우 난간을 설치해야 합니다(주택건설기준규정 제18조).

그런데 창문에 난간이 있으면 별로 예뻐 보이지 않더라고요. 창문에 난간을 달지 않으려면 바닥 마감면으로부터 창대 윗면까지 높이를 110cm 이상으로 하면 됩니다. 그러면 창이 작아지겠지요. 창을 크게 하려면 시스템창을 크게 넣고 분할해 아랫부분을 픽스창으로 하면 됩니다.

프레임 및 후레싱 결정

창호 프레임과 후레싱의 색깔에 따라서도 건물 전체의 이미지가 많이 달라집니다. 후레싱(Flashing)이란 외부에서 물이 스며들지 않도록 지붕과 벽, 창문과 벽 사이에 설치하는 금속판 마감재를 말합니다. 저희와 비슷한 색깔과 재료의 외장재를 사용한 건물 사진을 많이 찾아보았는데요. 외장재가 밝은데 후레싱 색이 진하면 자칫 밋밋할 수 있는 건물에 강조가 되는 효과가 있어 보였으나, 후레싱이 두꺼우면 멋이 없어 보이기도 했고요. 외장재가 밝은데 후레싱 색도 밝으면 건물 전체가 밝고 깨끗해 보이는 효과가 있는 반면, 잘못하면 좀 밋밋해 보이더라고요. 다 나름대로의 매력이 있어 보였습니다.

그래서 직접 샘플을 보고 결정하기로 했습니다. 외장재 샘플에 도장 컬러표를 직접 대어보니 사진만 보고 고민한 것과는 좀 다르더라고요. 소장님께서 추천해주셨던 색이 너무 어두운 것 아닌가 했는데, 실제로 보니 아주 어둡지는 않아서 저희 외장재와 꽤 어울려 보였어요. 그래서 프레임과 후레싱 색은 짙은 그레이색으로 하기로 했습니다. 건물이 강약이 살고, 색깔이 짙은 게 관리도 더 편할 거 같고요.

후레싱을 몇 면에 적용할 것인가도 선택사항입니다. 이 후레싱이라는 것은 외장재보다 밖으로 조금 튀어나와 있어 빗물을 안으로 스며들지 않게 하는 역

할이라 기능상으로는 위나 아래에만 해도 크게 상관은 없습니다. 그러나 4면을 다 하는 것이 미관상 예쁘기 때문에 도로에서 보이는 앞면과 옆면은 4면, 잘 보이지 않는 뒷면은 위아래 2면만 후레싱 처리를 했습니다.

벨템포 후레싱

출처 : 저자 제공

유리 색깔도 모두 다르다

유리 색깔은 투명, 그린, 브라운, 블루 등이 있습니다. 유리의 색깔이 건물 분위기의 많은 부분을 차지하는데요. 대부분의 오래된 건물을 보면 유리가 그린

색(옥색)을 띠는 것이 대부분이죠. 이것은 유리의 규소 성분 때문이라고 해요. 상황에 따라 다르지만 유리가 그린색이면 건물의 색과 어울리지 않는 경우가 많아요.

초록 유리는 옛날 건물 같아 보이고 외장재와 좀 안 어울리는 느낌이 있습니다. 파란 유리는 차가운 색의 외장재에는 어울리지만, 따뜻한 색 외장재에는 잘 안 어울립니다. 브라운 유리는 따뜻한 색의 외장재에 잘 어울리는데 무채색인 그레이색의 외장재에도 잘 어울렸습니다.

저희는 유리 색을 투명으로 결정했습니다. 그린은 제가, 파랑은 남편이 싫어하기도 했고 연그레이인 저희 외장재와 어울리지 않을 것 같았어요. 요즘은 투명으로 하는 것이 추세라고 하더라고요.

그런데, 유리가 브론즈(브라운색)로 잘못 시공되어 있었습니다. 조금 당황했지만, 실제로 보니 브라운이 예쁘더라고요. 투명은 실제로는 약간 그린빛이 돌기도 한다고 해서 그냥 재시공 없이 브라운으로 하기로 했어요. 해놓고 보니 신의

브라운 유리의 내부(좌)와 외부(우)

한 수로 생각될 만큼 건물과 잘 어울리네요. 게다가 내부에서는 외부가 잘 보이고, 외부에서는 내부가 잘 안 보여 프라이버시 보호도 됩니다.

차면시설 예쁘게 설치하기

차면시설이란 이웃 주택의 내부가 보이는 창문, 출입구 등을 설치하는 경우에 이를 가릴 수 있는 시설을 말합니다. 건축법에는 인접대지 경계선으로부터 직선거리 2m 이내의 거리에 이웃 주택의 내부가 보이는 창이나 마루를 설치하는 경우 이웃의 사생활 보호를 위해 적당한 차면시설을 설치하도록 규정하고 있습니다(건축법 시행령 제55조).

그런데 실제로는 법적으로 설치하지 않아도 되는 경우에도, 민원이 들어오면 설치해야 합니다. 민원을 해결하지 않으면 사용승인 허가가 나지 않기 때문입니다. 벨템포는 법적으로는 딱 한 곳만 차면시설을 설치하면 되었는데, 완공 전에

일반적인 차면시설(좌)과 벨템포의 차면시설(우)

출처 : 저자 제공

차면시설 설치를 해달라는 민원이 들어와 어쩔 수 없이 추가로 차면시설을 설치해야 했습니다.

이 차면시설이라는 게 집의 미관을 해치는 대표적인 설치물이라 이왕 해야 한다면 예쁘게 하고 싶었습니다. 주변에서 흔히 볼 수 있는 차면시설은 별로 안 예뻤거든요. 소장님과 함께 예쁜 차면시설을 구하기를 며칠, 폴리카보네이트로 차면시설을 하고, 창밖으로 튀어나오지 않게 설치하기로 했습니다. 설치하고 나니 뒷산을 가려서 너무 아쉬웠지만, 최대한 깔끔하게 했다는 점에서 만족했습니다.

사소하지만 미관을
좌우하는 것들

후드캡(후드벤트)

후드캡은 시공사에서 알아서 해주지만, 신경 쓰지 않으면 기본 스텐 후드캡으로 해줄 수도 있습니다. 이런 기본 스텐 후드캡은 물이 떨어져 외벽에 자국을 남깁니다. 속칭 눈물을 흘린다고 하지요. 외벽이 지저분해지고 보기에 좋지 않습니다.

그래서 눈물 방지 후드캡이라는 것이 시중에 나와 있습니다. 후드캡 아래쪽에 물 턱이 있어서 물이 외벽을 타고 흐르지 않게 되어 있습니다. 모양도 원형, 사각형, 종형 등 다양하고 색깔도 다양합니다. 가격은 기본 후드캡보다 비싸지만 후드캡 자체가 그리 비싸지 않기에 이왕이면 기능도 좋고 예쁜 눈물 방지 후드캡을 선택하길 바랍니다.

저는 사각형 눈물 방지 후드캡을 골랐는데요. 설치해놓으면 후드캡처럼 안 보이고 마치 사각 외벽 등처럼 보이더라고요.

다양한 후드캡

| 기본 | 종형 | 사각 | 원형 |

출처 : 환기자재백화점, JH VENT

눈물 흘리는 후드캡(좌)과 눈물방지 후드캡(우)

출처 : 저자 제공

우편함

참 별것 아닌 것 같은데 집 짓기 전부터 제가 엄청 관심 있던 것 중 하나가 우편함입니다. 우편함이 예쁘면 집이 훨씬 예뻐 보이더라고요. 우편함이 너무 오픈된 곳에 돌출되어 있으면 보기에도 안 좋고, 비바람에 우편물이 젖을 것 같기도 하고 그렇죠. 설계나 시공 시에 미리 우편함 위치를 정하고 매립하는 것이 좋습니다. 비를 안 맞는 곳이 좋기 때문에 1층이 주차장으로 되어 있는 필로티 구조나 한쪽이 떠 있는 돌출부 형태인 캔틸레버 구조 아래에 설치하는 것도 좋고요.

색깔과 디자인이 예쁜 우편함들을 여럿 보러 다녔지만, 그런 것들은 대부분 맞춤 제작입니다. 예쁜 노란색 우편함을 보고는 같은 회사 제품을 알아보았습니다. 노란색이 정말 예뻐 보였지만 주문 제작 컬러기도 하고 저희 건물 컬러 계획과 어울리는 색을 하다 보니 무난한 색으로 하게 되었어요. 임대용이라 열쇠 구멍은 일부러 안 넣었습니다. 미리 우편함 위치를 현관 옆으로 정해 벽 안에 삽입했습니다.

우편함의 모습

출처 : 저자 제공

현관의 모습

출처 : 저자 제공

주소판과 간판

저는 디자인 전공자가 아니지만, 직접 디자인해보는 것도 의미 있다고 생각되어 간판과 주소판을 직접 디자인해보았습니다. 벨템포의 대표 이니셜 B, T, P를 사용해 로고와 간판을 만들어보았습니다. 저희 건물은 코너를 끼고 있기에 앞에서도 옆에서도 보이게 ㄱ자 형태의 코너 간판으로 디자인했습니다. 상가를 넣을 예정이라 주택의 간판은 튀지 않도록 조명을 넣지 않았습니다. 간판의 소재는 아크릴보다 좀 더 고급스러워 보이는 무광 블랙 스테인레스에 UV 디지털 프린팅으로 했습니다.

간판 디자인 예시

출처 : 저자 제공

이렇게 디자인한 파일을 간판 업체에 의뢰하면 간판으로 만들어주는데요. 직접 설치까지 해주는 유명한 간판 업체는 비용이 너무 비쌌습니다. 그래서 온라인으로 배송해주는 업체에 맡겨서 간판만 받고, 시공은 현장소장님께 부탁드렸습니다.

기본 주소판보다 디자인 주소판을 쓰면 집이 훨씬 예뻐 보입니다. 구청에 자율형 건물번호판 신청을 해야 내 마음대로 디자인한 주소판을 걸 수 있습니다. 인터넷에 '자율형 건물번호판'으로 검색하면 제작 업체가 많이 나옵니다. 비용도 그리 비싸지 않아요.

업체에 디자인을 맡기는 경우에는 구청에 신청할 때 넣어야 할 내용(설치계획도면)을 다 마련해줍니다. 저는 디자인을 직접 했기에 직접 서류를 만들어 신청했습니다. 인터넷 정부24 '자율형 건물번호판 설치 신청' 메뉴를 통해 바로 신청할 수 있습니다.

실제 간판 부착 모습

출처 : 저자 제공

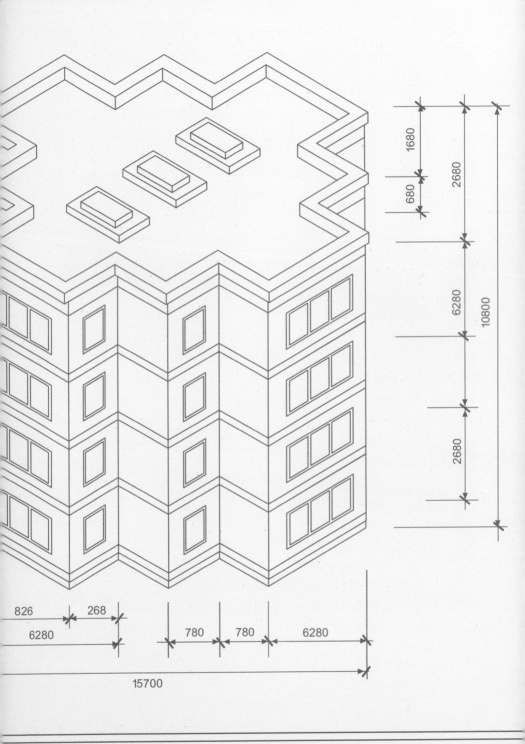

7장.

남다른 건물을 만드는
내부 인테리어

어떤 공간을
만들 것인가

통일된 공간을 만들기 위해 내부 공간의 컬러를 먼저 정했습니다. 내부의 메인 컬러는 화이트, 포인트 컬러는 옅은 나무색입니다. 원룸은 크기가 작아 어두운 색을 넣으면 공간이 작아 보여요. 그래서 밝은 화이트를 메인 컬러로 하고, 포인트로 옅은 나무색을 사용해 밝고 편안한 분위기를 주려고 했습니다.

원룸치고는 평수가 큰 방들로 구성했기에 공간을 어떻게 나눌 것인지 고민이 많았습니다. 통으로 놔둬도 되지만, 현관과 방 또는 거실과 방을 나눠야 월세를 더 많이 받을 수 있다고 하더라고요. 인터넷 부동산에 나와 있는 원룸들은 어떻게 구성했나 찾아보니 대부분은 아예 가벽과 문을 만들어 거실과 방을 구분했고, 최근에는 반투명 슬라이딩 도어를 달아 침실을 구분하거나 가벽을 일부만 세워 침대만 가리는 방법, 가구 배치를 통해 자연스럽게 나누는 방법들이 보이더라고요.

반가벽으로 공간이 넓어 보이게

저도 공간 분리를 위해 나누어야겠다고 생각은 했지만, 원룸을 아예 통가벽과 문으로 나누는 것은 확실히 구분은 되지만 답답할 것 같아서 끝까지 고민이 많았습니다. 골조가 완성되고 뻥 뚫린 방을 보니 더더욱 이걸 벽으로 막아서 공간을 나눈다는 게 답답하게 느껴졌습니다. 더 좁아 보이기도 하고요.

가벽과 문으로 나누면 공간이 확실히 구분되지만, 전체 공간은 더 좁아 보입니다. 슬라이딩 도어는 닫아서 공간을 분리하다가 필요할 때는 열어서 통으로 공간을 쓸 수도 있어 편리합니다. 그런데 가격이 비싼 편입니다. 가벽을 부분적으로만 하는 경우 개방감과 분리감을 동시에 느낄 수 있습니다. 다만 가리고 싶은 부분이 다 가려지지 않을 수 있습니다. 가구로 분리하는 경우 가구를 완전 고정시키지 않는 경우에는 고정력이 떨어집니다.

이러한 장단점을 고려하고 여러 가지 샘플들을 보고 결국은 반가벽만 하기

반가벽 설치 모습

출처 : 저자 제공

로 결정했습니다. 현관에 누군가 왔을 때 침대가 보이지 않으면 된다고 생각해서 침대가 들어갈 부분만 반가벽으로 막아주었습니다. 가벽은 성인의 가슴 높이 정도로 했고 윗부분을 유리로 마감할까 생각했지만, 임차인이 쓰는 곳에 유리를 쓰면 위험하다고 해서 하지 않았습니다.

다른 사람의 인테리어를 많이 보자

인테리어를 하면서 여러 SNS, 쇼룸들의 스타일과 팁을 참고했습니다. 핀터레스트에서는 '가벽 인테리어', '다락 인테리어' 등 원하는 스타일로 검색을 해 참고했고, 유튜브는 인테리어쇼, 폴라베어 전실장, 무아 연구실 등 인테리어 업체의 영상을 보았습니다. 이런 업체는 고급 아파트 인테리어를 주로 하지만 컬러감이나 디자인 측면에서 도움이 되었습니다. 특히 인테리어쇼 영상을 열심히 봤는데, 라인조명이나 색감 맞추기 등 부분적으로 도움을 많이 받았습니다.

네이버 카페의 '셀프 인테리어 My Home(혼자하는 집수리)'라는 카페는 셀프 인테리어를 하는 사람들이 모여 있는 곳으로 궁금한 것이 생길 때마다 검색해 후기와 팁을 얻을 수 있었습니다.

오프라인의 경우 김포 홈즈, 예림, 영림의 쇼룸을 방문해 샘플을 직접 확인하고 디자인 팁도 얻을 수 있었습니다. 김포 홈즈는 각종 건축 자재를 파는 곳인데, 전시장이기도 하고 바로 살 수도 있습니다. 강마루와 타일 등 각종 자재를 직접 확인할 수 있습니다. 예림과 영림은 다양한 문, 필름이 있어 색깔과 디자인을 직접 확인할 수 있습니다.

기본 내장재 고르기

작은 원룸이기에 내부 컬러는 최대한 밝게 했습니다. 작은 방은 밝은색으로 해야 넓어 보이니까요.

데코타일 vs 강마루

내가 살 집이라면 원목마루나 타일을 깔 수도 있겠지만, 가성비 있게 지어야 하는 임대용 건물에는 그렇게 하기가 힘듭니다. 그래서 데코 타일과 강마루 중에 무얼로 할지 고민했습니다.

데코 타일은 보통 PVC 수지 위에 무늬 필름을 입힌 뒤 특수 표면 코팅 처리한 것을 말합니다. 일반 장판보다 내구성이 강하고, 타일 하나씩 보수할 수 있어 경제적입니다. 강마루는 합판에 필름을 부착한 바닥재입니다. 장판이나 데코 타일보다 내구성이 강하고 더 고급스럽습니다.

요즘은 데코 타일도 예쁘게 나오고, 무늬도 나무무늬, 헤링본, 석재 타일 스타일까지 다양합니다. 그렇기 때문에 임대용 인테리어에는 데코 타일도 충분하다고 생각하지만, 확실히 강마루가 더 예쁘고 강하기에 임대용에도 강마루를 쓰는 경우가 늘어나고 있습니다.

저는 광폭 강마루를 깔았는데 타일처럼 보이기도 해서 보시는 분들마다 반응이 굉장히 좋았습니다.

합지벽지 vs 실크벽지

합지벽지는 종이이고, 실크벽지는 PVC 코팅이 된 벽지입니다. 합지벽지는 저렴하지만 때가 타면 도배를 다시 해야 합니다. 반면 실크벽지는 비싸지만 때가 타도 닦아낼 수 있습니다. 임대용으로는 광폭 합지벽지를 가장 많이 합니다.

저는 바닥재를 고급스러운 강마루로 했기에 이에 어울리게 하기 위해 실크벽지를 시공했습니다. 요즘 유행하는 화이트 페인트 질감의 벽지로 골랐습니다.

바닥몰딩과 천장몰딩

몰딩을 두껍게 하거나 색깔에 신경 쓰지 않으면 집이 답답해 보이고 올드해 보입니다. 바닥 몰딩은 PVC로 했고, 색은 바닥색이 아닌 벽지색과 맞추었습니다. 그래야 벽이 더 높아 보이고 깔끔합니다. 천장 몰딩은 마이너스 몰딩으로 했는데, 좁은 집이 조금 넓어 보이는 효과가 있습니다. 문선 몰딩도 얇게 해 가벼운 느낌이 들도록 했습니다.

문과 손잡이

작은 평형의 집이기 때문에 도어의 색은 벽지색과 통일하고, 디자인도 최대한 깔끔한 민자 도어로 골랐습니다. 도어 손잡이도 밝은 스텐색의 깔끔한 디자인으로 골랐습니다.

몰딩, 문, 손잡이

출처 : 저자 제공

조명을 잘 쓰면
분위기가 살아난다

"아니 왜 직접 조명 계획을 하느라 고생이세요?"라고 의문을 가지실 수도 있겠죠? 건축주가 직접 살 집을 짓는 경우라면 설계를 비싼 돈 주고 몇 개월에 걸쳐 할 것이고 이 경우 실시설계에 조명 계획이 들어가 있거나, 건축가가 조명 계획에 더 신경을 쓸 수도 있겠지만, 다중주택, 다가구주택 같은 작은 수익형 주택의 경우 설계 기간이 짧아 이런 세부적인 부분까지는 설계 때 생각할 여유가 없고, 보통은 조명에 크게 신경 쓰지 않습니다.

또한 시공사의 견적상에는 아주 기본적인 조명으로 견적이 들어가 있습니다. 따라서 건축주가 특별히 조명에 신경을 쓰지 않으면 시공사가 평소 시공하는 대로 조명이 들어가게 됩니다. 그러나 조명은 인테리어의 꽃이라고 생각하기에 저는 수익형 주택이라도 조명 계획을 하고 시공사에 제안을 해보고 싶었습니다.

그리하여 조명 관련 책을 두 권 읽고, 온갖 유튜브와 인터넷 카페를 통해 얻은 비전문가 수준의 계획이지만 제안서를 만들어 시공사와 협의했습니다. 공간별 필요한 밝기는 비전문가가 알기 힘들기 때문에 전기 기사님께 다시 확인을 부탁드렸습니다.

제안한 조명 설치 계획

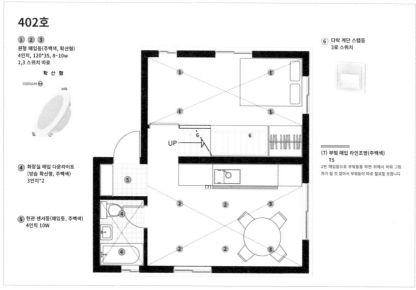

출처 : 저자 제공

공간별 조명 선택

조명은 평판(엣지) 조명, 매입 다운라이트 조명, 라인 조명을 적절히 사용했습니다. 자금 사정상 매입 등을 할 수 없는 공간에는 최대한 얇은 평판 조명을, 침실과 주인집 부분에는 매입 다운라이트(확산형)를, 싱크대에는 라인조명을 넣었습니다. 다락으로 가는 계단에는 풋등(스탭등)을 넣었습니다.

원룸은 보통 천장고가 높지 않기 때문에 높이가 있는 직부등보다는 평판등이나 매입등(다운라이트)을 추천합니다. 매입등은 목공 비용이 더 들 수 있기 때문에 비용이 부담스럽다면 얇고 심플한 평판등도 예쁩니다. 저는 1.5룸식으로 공간이 나뉜 거실 쪽은 평판등을, 방 쪽엔 4인치 다운라이트 두 개를 설치했습니다.

평판등+다운라이트(좌)와 라인조명+다운라이트(우)

출처 : 저자 제공

공간이 막히지 않고 반가벽으로만 구분되어 있어 조도가 괜찮을 것 같았습니다.

　주방은 밝은 등이 필요한 곳입니다. 원래는 원통형 직부등을 설치할 계획이었는데, 시공사에서 천장고가 낮은 원룸의 경우 더 낮아 보일 수 있다고 매입 라인조명을 추천하셔서 그렇게 시공했습니다.

　화장실은 보통 벽등을 달거나 매입 다운라이트를 합니다. 원룸의 화장실은 작기 때문에 아파트처럼 여러 개의 조명이 필요하지는 않아서 3인치 다운라이트 2개를 달았습니다.

　다락으로 올라가는 계단의 경우 개방된 구조라면 조명이 중요하지 않을 수도 있는데, 저희 집은 구조상 가벽이 있는 폐쇄형 구조의 계단이라 조명이 필요했습니다. 다락 계단을 만들 때 매입으로 풋라이트(스텝등)를 넣어줬습니다. 삼로

다락 계단에 설치한 스텝등

출처 : 저자 제공

스위치라는 것이 있어서 아래에서 키고 위에서 끌 수 있습니다.

다락은 천장고가 낮기 때문에 최대한 얇은 등을 달거나 매입등을 달아주어야 합니다. 저는 매입 다운라이트로 시공했습니다.

전구도 색깔이 다르다

조명의 색은 크게 주광색, 주백색, 전구색이 있는데요. 주광색은 가장 하얗고 밝은 색이고, 전구색은 따뜻한 노란색이에요. 그리고 요즘 뜨는 주백색은 하얀 색에 따뜻함을 한 스푼 넣은 듯한 아이보리색이고요.

보통 부엌이나 공부방처럼 밝은 등이 필요한 곳은 주광색, 간접조명이 필요한 곳은 전구색, 일상 생활공간은 주백색을 많이 하는데요. 넓은 공간이라면 적절히 믹스해도 괜찮겠지만, 서로 다른 공간이 하나로 연결된 구조는 조명기구 디자인도 2~3종류로 줄이고 빛의 색도 통일시켜주는 게 좋다고 합니다(출처, 《공간을 쉽게 바꾸는 조명》, 안자이 테스). 그래서 저는 원룸은 좁은 공간이라서 조명 색도 통일해야 깔끔하기에 따스하면서도 밝은 느낌을 주는 주백색으로 통일했습니다.

작아도 깔끔한
화장실 인테리어

꼭 그 브랜드의 제품을 사용할 계획이 아니더라도 화장실 도기 업체의 쇼룸을 방문하면 화장실 인테리어 아이디어를 얻을 수 있습니다. 저는 대림과 로얄토토 쇼룸(로얄라운지)에 다녀왔습니다.

로얄라운지의 경우 실제 화장실처럼 여러 공간을 꾸며놓아서 전체적인 디자인 아우트라인을 잡는 데 도움이 되었습니다. 대림 쇼룸의 경우 화장실의 수전과 도기를 대림으로 하기로 했기 때문에 인터넷으로만 봤던 모델들을 직접 확인하며 결정하는 데 도움이 되었습니다.

타일과 줄눈

화장실 타일은 지금까지 봤던 쇼룸 매장과 신축 현장 중 예뻤던 곳 사진을 드리면서 이런 분위기로 구해달라고 미리 말씀드렸습니다. 타일은 벽과 바닥 모두 밝은 베이지톤으로 골랐습니다. 줄눈은 흰색으로 하면 때가 타거나 곰팡이가 끼면 잘 드러나기 때문에 비둘기색으로 했습니다.

도기와 수전

화장실의 도기 및 액세서리는 온오프라인으로 손품, 발품을 팔아 직접 모델을 정했습니다. 도기와 수전은 예쁘고 저렴한 브랜드들도 많지만, 그래도 국산이 AS가 쉽다고 해 국산 브랜드 중에서 골랐습니다.

양변기는 원피스보다 수압이 더 센 투피스 중 굴곡이 없어 청소가 쉬운 치마형으로 골랐습니다.

수전의 경우 무광이 예쁘고 요즘 유행하기에 무광과 유광 사이에서 고민했으나, 무광은 인터넷에서 벗겨진 사진을 봐서 임대용으로는 관리가 힘들 것 같아서 유광으로 선택했습니다.

가장 넓은 호실의 경우 욕조를 넣었는데, 아무래도 신혼부부와 어린아이가 살 경우 욕조가 요긴할 것 같아서 넣었습니다.

기타 액세서리

원룸치고는 화장실을 크게 뺐지만 그래도 원룸 화장실인지라 좁아질까 봐 젠다이(조적선반)를 시공하지 않았습니다. 젠다이가 없는데 거울장을 설치하면 세수할 때 머리를 부딪치기 때문에 거울과 수건장을 각각 따로 달았습니다. 또한 비누받침, 컵홀더를 설치하기보다는 선반이 있는 게 실용적일 것 같아 인조대리석 선반을 달았습니다.

수건걸이와 휴지걸이도 직접 예쁜 국산 제품을 찾았습니다. 휴지걸이의 경우 시공할 때 매립으로 해달라고 하면 좁은 화장실에서 공간을 차지하지 않아서

좋지만, 저는 핸드폰도 올려놓을 요량으로 부착식 중 선반이 있는 휴지걸이를
골랐습니다.

화장실 인테리어

출처 : 저자 제공

임대용 옵션가구 및
옵션가전 넣기

수익형 주택의 경우 시공사 견적에 가구가 포함되는 경우도 많은데, 저희 시공사는 가구가 불포함이었습니다. 가구 불포함인 경우 건축주 직발주로 합니다. 시공사에서 주로 시공했던 업체를 소개시켜주기도 하고, 건축주가 직접 알아보기도 하죠. 저는 시공사 추천과 지인 추천으로 세 곳에서 견적을 받았습니다.

가구 견적 비교해보기

가구가 그려져 있는 도면과 견적 조건을 드리며 견적 의뢰를 했습니다. 도면은 평면 외에 가구의 입면이 그려져 있는 도면이 있다면 더 좋겠지만, 없으면 그냥 평면만 보내도 됩니다. 저는 도면과 함께 제가 대충 그린 입면도도 첨부했습니다. 더 자세히 견적을 받고 싶다면 후드, 싱크볼, 수전 등 상품명을 지정해도 좋겠지만, 다 알 수가 없기에 '무광 PET, 상판 인조 대리석, 목찬넬, 매립형 후드 등 임대 세대용 사양'을 견적 조건으로 적었습니다.

세 업체 중 A 업체는 가구가 정말 깔끔하고 예뻤지만, 임대용 사양으로 견적을 받았음에도 너무 비쌌습니다. 시공사 대표님께서도 "거기는 자기가 살 집 지을 때 하세요"라고 하셨어요.

B 업체는 저렴하고 AS가 확실한 곳이라고 소개를 받았습니다. 시공 사진을 보내달라고 부탁드려 받았는데 무난한 정도였습니다. 깔끔하기는 한데 약간 올드한 느낌이 들었고 가격은 정말 저렴했습니다.

C 업체는 견적은 B 업체보다는 꽤 비쌌으나, A 업체 만큼은 아니었습니다. 디자인은 요즘 유행하는 스타일이었고 정말 깔끔하고 예뻤습니다.

'어차피 수익형 주택인데 그냥 가장 저렴한 업체에 할까? 내가 이걸 좋게 넣는다고 세입자가 알아줄까? 어차피 세입자는 크게 관심 없을 텐데'라는 생각과 '좋게 짓는다고 바닥, 벽지, 창호 등 다른 부분을 다 고급 사양으로 넣었는데 가구가 저렴하면 안 어울리지 않을까?'라는 생각 등 고민이 많았습니다. 이 집은 저와 남편의 첫 번째 포트폴리오로서 의미도 있고, 처음부터 한 끗 다른 건물을 짓고 싶었기에 좀 비싸지만 디테일이 살아 있는 C 업체로 결정했습니다.

가구 위치 실측 및 디테일 결정

가구 업체에서 실측을 온 날, 시공사 대표님께서 직접 디테일한 부분을 가구 사장님과 의논해주셨습니다. 그냥 저 혼자 결정하면 되겠지 했는데 가구와 접하는 면의 도배를 따는 부분 등 시공과 논의할 디테일이 꽤 많았습니다.

가구 재질에 대해서도 고민했는데요. 원룸은 LPM이라는 저렴한 재질로 하는 곳이 많은데 저는 무광 PET가 너무 예뻐 보였거든요. LPM도 튼튼하다고 해서 그럼 단점은 뭐냐고 여쭤보니 싼 티가 난다고 합니다. 그리고 밝은색은 때도 타고요.

UV 재질도 있는데 때는 덜 타지만 광이 나고 누렇게 변색이 있다고 합니다. 저는 결국 PET로 정했어요. 그중에서도 유광은 싫어서 매트한 무광 PET로 골랐어요. 단, 무광은 때가 탈 수도 있습니다. 필름색은 평수가 작기에 밝고 화사한 매트크림화이트로 했습니다. 모든 가구는 서라운딩을 없애거나 최소로 시공했습니다.

신발장과 옷장

신발장은 하단 띄움 시공으로 자주 신는 신발을 깔끔하게 정리할 수 있게 했습니다. 신발장, 옷장 모두 서라운딩 없이 시공했고요, 손잡이는 하지 않고 뎀퍼로 하는게 가장 깔끔한데, 임대용으로는 손때가 탈까 봐 손잡이를 달았습니다.

신발장(좌)과 옷장(우)

출처 : 저자 제공

싱크대도 무광 PET, 서라운딩 없이, 상판 말아올림 없이 시공했습니다. 싱크대 상판은 인조 대리석으로 했고 가장 인기가 좋다는 캔디화이트 색으로 골랐습니다.

특히 후드가 밖에서 표시 나지 않도록 매입후드로 다른 상판과 높이를 맞춰 시공했습니다. 싱크볼을 사각볼로 하면 더 예쁠 텐데 임대용이라 비싼 사각볼까지는 못 썼습니다. 수전은 관리가 쉬운 유광으로 했고, 저렴하지만 예쁜 거위목 형태의 수전으로 골랐습니다.

싱크대 타일은 인테리어 플랫폼인 '오늘의 집'에서 유행한다는 스타일을 참고 사진으로 보여드리며 비슷한 것으로 구해달라고 요청드렸습니다.

싱크대

출처 : 저자 제공

가전 견적 비교해보기

시공 견적에 에어컨 외의 가전은 포함되어 있지 않아서 가전을 따로 알아보았습니다. 다년간 임대사업자를 해본 결과 수리와 AS도 일이라서 가전은 조금 비싸도 국산 대기업 제품으로 골랐습니다.

사업자 대상으로 가전을 조금 더 싸게 공급하는 업체나 임대사업자 카페와 연계된 가전 업체에서 한꺼번에 주문하면 편합니다. 인터넷 최저가 검색도 해봤는데, 물건 하나하나는 최저가가 더 싼 경우도 있었지만, 다 더하면 비슷하거나 가전 업체가 더 싸더라고요. 그래서 가전 업체를 통해 견적을 받아 한꺼번에 신청했습니다.

냉장고 · 세탁기 · 쿡탑

냉장고와 세탁기는 '원룸 냉장고', '원룸 세탁기'로 검색하면 원룸에 넣는 모델들이 나옵니다. 쿡탑의 경우 임대 세대는 특정 소재만 조리 가능한 인덕션보다는 하이라이트를 넣는 것이 편리합니다.

에어컨

빌라는 분양을 하니까 대부분 천장형 시스템 에어컨을 설치하지만, 그 외 원룸은 시공비 절감을 위해 벽걸이 에어컨을 설치하는 경우가 많습니다. 그런데 벽걸이 에어컨을 설치한다고 해도 어떻게 설치하느냐에 따라 디테일에서 차이가 많이 납니다. 배관이 밖으로 나와 있고 플러그 선이 늘어져 있거나, 에어컨 드레인 호스가 노출되어 있는 경우 세입자가 사는 데 큰 문제는 없겠지만, 보기에 거슬립니다. 디테일이 떨어진다고 할 수 있죠.

저는 현장소장님께 에어컨 설치 시 배관을 에어컨 본체 뒤로 가려지게 설치해 밖으로 드러나지 않을 것, 에어컨 콘센트는 천장으로 뺄 것을 미리 부탁드렸습니다.

에어컨 전선 마감 디테일

출처 : 저자 제공

의외로 눈길을 사로잡는
복도 인테리어

복도가 예쁜 집

복도 마감은 보통 타일이나 페인트로 많이 합니다. 페인트는 보수가 쉬운 반면, 때가 타거나 떨어질 수도 있고, 시공 인건비가 많이 든다고 합니다. 그래서 무난하게 관리가 쉬운 타일로 하려고 생각하고 있었습니다. 그런데 시공사 대표님께서 '콘크리트 메이크업'이라는 새로운 마감을 제안하셨습니다. 요즘 인더스트리얼한 카페 인테리어에 많이 쓰이고 있지요. 시공비는 조금 더 비싸지만 가장 큰 장점은 관리가 편하다고 합니다.

제가 고민했던 것은 이 건물을 팔 때 매수인은 나이가 있는 사람일 확률이 큰데 그런 분들이 볼 때는 이런 디자인이 공사를 하다 만 것처럼 보일까 봐 망설였습니다. 그런데 실제 해놓고 보니 가장 마음에 드는 공간이 복도 공간이고, 이 콘크리트 메이크업입니다. 모던하게 예쁘기도 하고, 때가 타도 티가 전혀 안 나서 편하네요.

복도 인테리어

출처 : 저자 제공

난간 선택

난간은 PVC로 하면 저렴하지만 안 예쁩니다. 엘리베이터가 있는 건물의 경우 계단으로 다니는 사람은 거의 없기 때문에 난간에 공을 들일 필요는 없지만, 저는 예쁘게 하려고 철제 난간에 페인트 도장을 했습니다. 색깔은 집의 포인트 컬러인 짙은 그레이색으로 맞췄고요.

철제난간(좌)과 PVC난간(우)

현관문과 도어락

현관도 포인트 컬러인 짙은 그레이로 도장했습니다. 호실판은 기성 제품 중
어울리는 것을 직접 골라 붙였고 초인종과 현관 도어락도 현관과 어울리는 색

현관과 초인종

으로 골랐습니다. 안 골라도 시공사가 알아서 해주지만 건축주가 조금만 신경 쓰면 더 예뻐지는 것 같습니다.

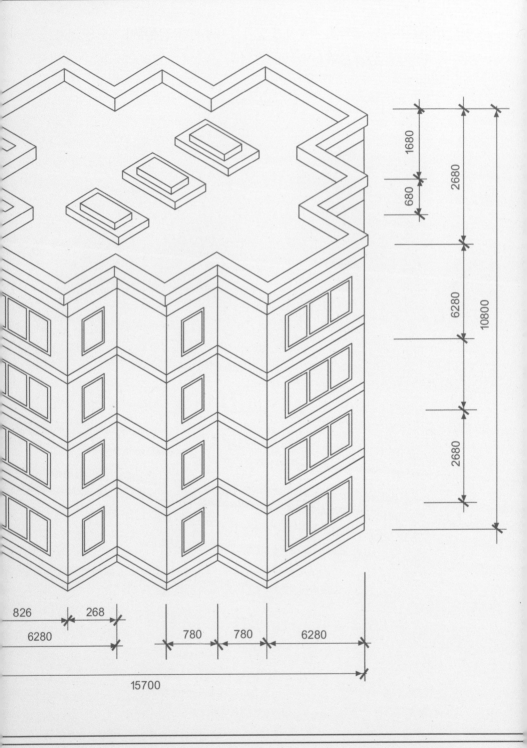

8장.

사용승인 및
하자 점검

사용승인
신청하기

사용승인 신청

건물이 완공되면 사용승인이라는 것을 합니다. 신축된 건물이 건축법 등에 적합하다는 것을 확인해 사용을 인정하는 것이죠. 시공사가 설계를 한 건축사 사무소에 관련 서류를 주면 건축사 사무소에서 요건을 갖추어 허가권자에게 신청합니다. 사용승인을 신청하면 그날부터 7일 이내에 허가권자가 현장검사(특검)를 실시합니다.

저는 담당 구청에 서류 접수 후 3일 후 현장검사를 나왔습니다. 현장검사에는 시공사와 건축가가 참여했고 건축주인 저는 참여하지 않았습니다. 보통 이 검사에서 한두 가지 정도는 지적을 받고 보완한다고 하는데, 저희는 아무 지적 없이 잘 지나갔습니다. 이제 사용승인 허가와 건축물대장이 나오기를 기다리면 됩니다.

그렇게 기다리기를 몇 날 며칠, 이 시간이 참 길게 느껴지더라고요. 드디어 신축 건물 벨템포의 사용승인 허가가 나왔습니다. 정부24에 들어가 건축물대장을 떼어 보니 신축 건물의 건축물대장도 나옵니다. 사용승인 서류 접수부터 허가까지 18일 걸렸네요. 주변에 보면 빠르면 2주, 보통 3주 정도는 걸리는 것 같습니다.

소유권보존등기

사용승인이 나고 건축물대장도 나왔으니 소유권보존등기를 해야 합니다. 보존등기란 그 부동산에 대해 최초로 행해지는 등기입니다. 저는 신축을 해 새로운 건물이 생겼으니 보존등기를 했습니다.

아무래도 건축물 등기가 나오기 전에는 세입자들도 불안해서 임대 계약을 꺼릴 테니 빨리 등기를 내야겠지요. 법무사가 소유권 보존 등기에 필요한 서류를 안내해줍니다.

필요 서류
사업자등록증 사본, 주민등록 초본, 건축공사표준계약서, 공사원가내역서, 공사감리계약서, 설계계약서, 인입비 영수증, 산재보험 영수증, 고용보험 영수증, 엘리베이터 계약서 사본, 하자보수 보험증권, 해체비용 영수증, 토지 대출 이자 납입내역서, 인감증명서, 거래원장(법인의 경우)

취득세 납부하기

보존등기를 할 때는 원시 취득세를 납부해야 합니다. 신축 건물의 취득세는 과세표준에 2.8% 세율(**지방교육세, 농어촌특별세 별도**)로 계산이 되는데, 금액이 꽤 큽니다. 보통은 법무사가 자신의 수수료까지 더해 전체 금액을 통장으로 입금하면, 대리해서 취득세를 납부하는 방식입니다.

그런데 한 번에 납부하기에는 금액이 꽤 커서 카드로 납부하고 싶다고 하니 취득세 납부서를 찍어 보내주셨습니다. 그래서 저는 1/3은 계좌로 입금하고 당장 모자란 돈은 신용카드 2개로 나누어 할부로 결제했습니다. 취득세 납부는 서울시의 경우 '서울시 ETAX(etax.seoul.go.kr)'에서, 전국의 경우 '위텍스(www.wetax.go.kr)'에서 할 수 있습니다.

준공 전
하자 점검

사용승인을 위한 현장 검사가 끝나는 즈음해 건물의 하자 점검에 들어갑니다. 준공 후 시공사가 떠나버리면 다시 와서 하나하나 하자 보수하는 것이 힘들기 때문에 준공 전에 하자를 체크하고 보이는 하자는 최대한 처리를 부탁하기 위해서입니다.

하자 점검 리스트 작성

시공 완료 후 준공 전 최종 시공 상태 점검을 통해 발견된 미결사항들을 작성해놓은 목록을 '펀치리스트'라고도 하는데, 인터넷에 '펀치리스트', '건물 인수인계 점검 내역', '준공 체크리스트' 등으로 검색하면 표가 여러 개 나옵니다. 이를 적절히 활용하시면 되는데, 저도 이것들을 활용해 체크리스트를 만들었습니다.

하자 점검을 위한 체크리스트

구분	점검 사항	메모	체크
외관 및 외부	건물 외관 상태(파손, 누수 여부, 배관, 계량기)		
	외부 조명 정상 작동 여부		
	우편함 설치 상태		
	하수도 맨홀 상태		
	주차장 마감		
	건물 출입문 정상 작동 여부		
계단실	난간, 창문, 천장, 바닥, 벽 상태		
	계단 조명 정상 작동 여부		
	복도 마감 상태		
현관문	도어 정상 여부(도색, 스크래치 등)		
	도어 클로저, 도어 스토퍼 설치 여부		
	호실판 부착 여부		
	도어락 작동 정상 여부		
방	바닥재 상태 확인(찍힌 곳 및 스크래치 등)		
	벽지 상태 확인(곰팡이, 누수 흔적, 찢어진 곳, 들뜬 부분, 천장 확인 등)		
	몰딩 상태(파손 여부)		
	조명 및 스위치 정상 작동 여부, 색깔 확인		
	콘센트 작동 여부		
	누수 자국 확인(천장, 창문 틀)		
	창문 작동 여부, 방충망 상태		
	가구 정상 여부(마감 상태, 틀어짐, 여닫이 상태 등)		
방문, 화장실문	정상 작동 여부(단차 확인), 여닫을 때 소리 확인		
화장실	바닥 타일 단차		
	도기 및 악세서리 설치 상태 확인		
	전등 정상 여부		
	환풍기 정상 여부		
주방	씽크대 상판 상태 확인		
	씽크대 수납장 확인(단차, 내부 마감 등)		
	가전제품 정상 작동 여부(후드, 쿡탑, 세탁기 등)		
공통사항	실리콘 처리 상태 확인		
	승강기 정상 작동 여부		
	에어컨 정상 작동 여부(리모컨, 배관 및 전선 마감 등)		
	CCTV 정상 작동 여부, 설치 위치 적정 여부		
	보일러 정상 작동 여부		

출처 : 저자 제공

꼼꼼히 점검해야 후회가 없다

체크리스트를 토대로 건물의 외관과 내부를 공간별로 죽 훑어보며 하자를 체크했습니다. 하자 부분을 핸드폰 사진으로 찍어 표시한 후 파일로 정리해 한 번에 드렸어요.

이때 제가 실수한 점은 불을 다 켜보고, 후드도 틀어보고 보일러, 에어컨도 다 켜봐야 하는데 귀찮아서 체크를 하지 않았다는 것입니다. 세입자가 들어온 후 후드가 연결되지 않은 걸 발견해 추후에 처리하려니 조금 번거로웠습니다. 시공사가 현장을 떠난 후나 세입자 입주 후 하자를 처리하려면 훨씬 힘들기 때문에 하자 점검 때 꼼꼼하게 확인하고 시공사에게 적극적으로 보수를 요청해야 합니다.

시공사에 전달한 점검 결과 예시

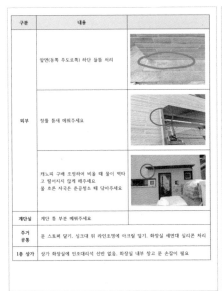
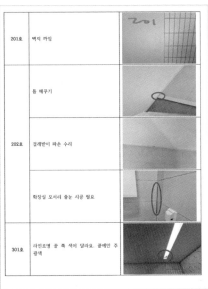

출처 : 저자 제공

시공사에 전달한 점검 결과 예시

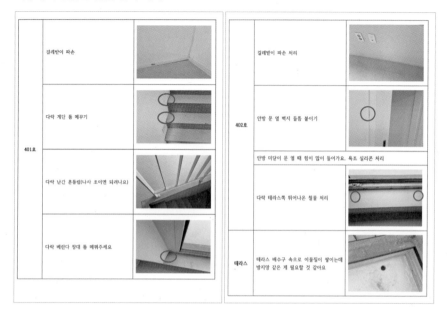

출처 : 저자 제공

준공을 위해
준비할 것들

준공 청소

준공을 앞두고 시공사에서 준공 청소를 합니다. 청소를 한다기에 입주 청소 수준인 줄 알았는데 아니었습니다. 가구 및 가전의 각종 보양 비닐 제거, 시공 때 발생한 먼지 제거 수준이었습니다. 방바닥을 쓸고 닦는 수준의 청소가 아니기 때문에 입주 청소를 따로 하는 것이 좋습니다.

준공 및 인수인계

준공은 공사의 완료를 뜻합니다. 공사가 완료되면 시공사가 건축주에게 건물을 인수인계하는 거죠. 저는 이 인수인계라는 것을 업무적으로 겪어본 적이 있는데요. 학교를 리모델링하는 공사의 인수인계였는데, 인수인계서의 하자보증기간을 두고 각종 하청 업체들이 으르렁거렸던 조금은 무서운 기억이 있네요.

그러나 이런 소규모 건축에서는 인수인계서도 꼭 쓰는 건 아니고요. AS 연락처와 건물의 각종 열쇠를 넘겨받으면 인수인계가 완료됩니다. 저도 시공비 잔금을 이체하고, 하자담보보증서를 받고, 열쇠를 받는 걸로 벨템포의 인수인계가 이루어졌습니다. 인수인계를 받아야 할 목록은 다음과 같습니다.

인수인계 목록

- 건축도서
- 하자보증이행증권
- 시공업체 및 공사담당 연락처
- 자재품목 내역 및 인허가 서류
- 건물 열쇠
- 기타 인수해야 할 사항은 수기로 작성

준공 사진은 꼭 찍어두자

입주 전에 준공 사진을 남겨놓고 싶어서 카메라, 삼각대, 사다리를 챙겨 벨템포 내외부 사진을 찍었습니다. 사진작가에게 맡겨서 찍으면 더 좋겠지만 그렇지 않더라도 직접 사진을 찍어두면 좋습니다. 임대 시 중개업소에서 사진을 찍지만, 별로 신경 쓰지 않고 아무렇게나 찍는 경우가 많아서 잘 찍은 사진을 직접 제공하면 더 좋습니다. 매매 시에도 마찬가지고요.

얼마의 비용이 들었는지
정리해보자

이제 건축 단계가 마무리되었으므로, 지금까지 들어간 비용에는 어떤 것들이 있는지 한 번에 정리해보겠습니다. 신축에 드는 돈은 크게 토지비, 설계·감리비, 대출 부대비, 시공비, 인입비, 기타 비용 등으로 구분할 수 있습니다.

기본적으로 필요한 비용

토지비에는 토지 매매 비용과 중계 수수료, 등기를 하는 데 드는 법무사비와 취득세가 포함됩니다. 설계·감리비에는 설계비와 감리비가 포함되는데, 이때 감리비에는 다시 철거 감리비, 건축 감리비가 포함되며 상황에 따라 기타 감리비가 추가될 수 있습니다. 대출 부대비는 대출을 받기 위해 필요한 수수료 등의 비용입니다. 대출 이자도 매달 발생합니다. 건축비는 시공사에서 요청한 금액이 기본이고, 여기에 사전조사 시 드는 비용, 건축주가 직발주한 가전·가구 등의 비용이 포함됩니다. 인입비는 가스, 가전, 수도 등을 인입하는 데 드는 비용입니다. 시공비와는 별도로 건축주에게 청구됩니다. 자잘하게 드는 돈은 기타 비용으로 정리했습니다.

이러한 비용들에 대해 '자금 흐름표'를 작성해놓으면 언제 어떤 비용이 발생하는지 한눈에 파악하기 좋습니다. 저는 노션으로 신축일지와 동시에 비용이 처리되게 만들어놓았는데, 엑셀로도 다음과 같이 다시 한번 정리했습니다.

자금 흐름표 예시

구분	내역	금액	총금액	1개월	2개월	…	12개월
토지비	토지 구입비	1,120,000,000					
	중개수수료(0.9%)	11,088,000					
	법무사비&취득세(3%)	41,873,000					
대출관련 비용	1년 대출이자 (토지대출, 시공비 대출)	42,801,799					
	부대비용 (수수료, 인지세, 화재공제 등)	10,275,000					
설계 감리비	설계비, 감리비	41,470,000					
건축비	사전비용	4,570,600					
	시공비	901,780,000					
	가구, 가전	35,630,000					
인입	인입비	12,723,020					
기타	국민주택채권, 세무사 비용, 승강기 관련 비용, 상품권, 상량식 등	1,824,754					
완공	보존등기비	993,670					
	원시취득세(2.8%)	28,574,960					
(−)환급금	농특세 환급	2,240,000					
	부가세 환급	89,748,830					
	기타 환급	75,000					
	소요비용 합계	2,161,540,973					
대출금	토지대출금	840,000,000					
	건축대출금	560,000,000					
	실투자 비용	761,540,973					

출처 : 저자 제공

추가로 필요한 비용

계약한 시공비보다 추가 비용이 항상 발생한다는 말을 많이 들었습니다. 시공비 자체가 늘어날 수도 있지만, 그보다도 시공사는 '시공'만 넣는데, 건축주는 설계를 뺀 나머지 금액은 다 시공이라고 생각하기 때문에 발생하는 비용들도 있더라고요. 이 추가로 발생하는 비용이 어떤 것이 있는지 알아야 예비비를 마련해놓을 수 있습니다.

시공사와 계약 전에 '건축주가 따로 부담하는 비용'을 확인해달라고 요청드렸습니다. 시공사의 대답은 '감리비(해체, 건축), 측량비, 인입비(전기, 수도, 가스), 도로복구비, 담장 설치비, 지질조사비, 지반보강비(지반보강 필요 시), 사전안전성 검토, 문화재 조사, 지표조사'의 비용이 따로 든다고 말씀해주셨어요. 물론 이 내용은 시공사에 따라, 지역에 따라 다를 수 있습니다. 저는 아예 1억 원 정도를 예비비로 산정해놓았습니다.

건축주가 추가로 부담할 수 있는 비용을 시기별(착공 전, 공사 중, 준공 전)로 정리해보았습니다.

시기별 건축주 추가 부담 비용

착공 전	경계복원측량 비용 감리비(해체, 건축, 토목, 필로티 구조 등 해당하는 경우) 지반보강비
공사 중	전신주 이동 비용(해당하는 경우) 지적현황측량 비용 인입비(전기, 수도, 가스 등) 도로복구 비용 시공 자재 업그레이드 비용
준공 전	민원 합의 비용(차면시설 설치, 주변집 담장 설치, 영업보상 등)

출처 : 저자 제공

가뭄에 단비 같은 부가가치세 환급

시공사에서 견적을 받을 때는 부가가치세를 포함하지 않은 금액으로 받게 됩니다. 그러나 시공비를 줄 때는 부가세를 포함한 비용을 줘야 합니다. 부가세는 추후에 환급받기는 하지만 내는 시점에는 시공비에서 10% 추가한 금액이 필요합니다. 이 부분을 잘 생각해서 예산 계획을 세워야 합니다.

부가세 환급은 개인 사업자의 경우 반기마다 한 번씩 받을 수 있습니다. 1월 1일~6월 30일까지의 부가세에 대해 7월에, 7월 1일~12월 31일까지의 부가세에 대해 다음 해 1월에 신고하고 환급받을 수 있습니다. 공사비가 크기 때문에 부가세 환급금도 꽤 큽니다. 냈던 돈을 돌려받는 건데도 가뭄에 단비처럼 느껴집니다.

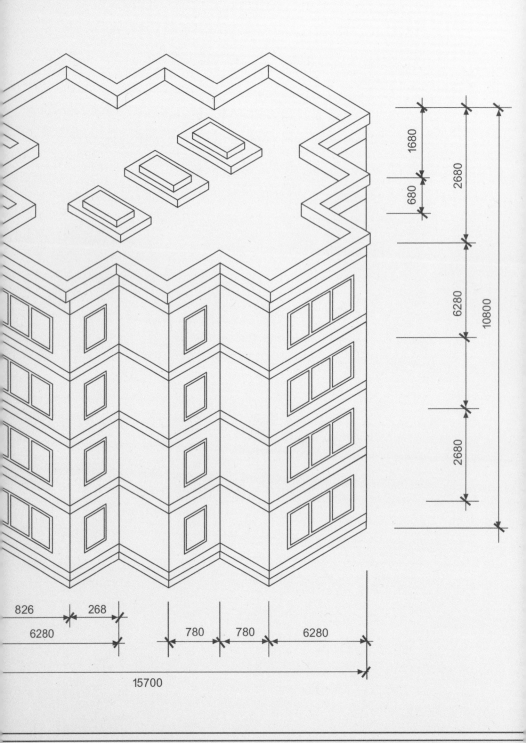

9장.

실제 수익을 내보자

두근두근 임대를 위한
작업들

사용승인 즈음 임대가 걱정되었습니다. 저는 매입임대사업자로 다가구주택을 갖고 있어 원룸 임대를 내놓은 경험이 많지만, 신축해서 내놓는 임대는 처음이라 또 다르게 긴장이 되더라고요.

주변 임대 시세 조사

우선 벨템포 주변의 임대 시세를 조사했습니다. 주변에 괜찮은 신축이 많이 있다면 참고가 되겠지만, 저희 건물 주변은 신축이 별로 없기도 했고, 임대 시세가 너무 싸서 참고가 되지 않았습니다. 완공 전에 바로 앞 공인중개업소에 들러 봤는데 주변 임대 시세를 보여주시며 이 이상은 힘들다고 말하시더라고요.

어쨌든 '네이버부동산'과 '다방' 어플을 통해 주변 원룸 임대 시세를 조사해 정렬해놓고 나는 얼마를 받을 것인지 생각해봤습니다. 주변은 너무 좁게 설정하지 않고, 같은 지하철 노선으로 올 수 있는 상위급지(DMC역, 망원역 등) 시세까지 조사하고 너무 오래된 구축은 시세 조사에서 제외했습니다.

그렇게 나온 시세 조사표를 전용면적순으로 정렬해 주변 구축보다는 높게, 가까운 업무지구의 오피스텔이나 신축보다는 싸게 임대가를 구성해봅니다.

주변 전세 시세 조사(예시) (단위 : 만 원)

주소	전용(평)	보증금	월세	관리비	준공	형태	메모
북가좌동 ***-**	5.0	12,000	0	6	22	원룸	주차 5만 원 별도
응암동 ***-**	5.0	18,000	0	5	21	분리형	복층 오피스텔
벨템포 3호 라인	5.3	14,000	0	6	22	원룸	14,000~18,000 가능
상암동 ****	5.3	27,000	0	6	21	복층형	복층 오피스텔
신사동 **-**	5.6	20,000	0	4	21	복층평	복층 오피스텔
불광동 ***-**	5.7	16,900	0	6	21	분리형	오피스텔
대조동 ***-*	5.8	18,000	0	7	19	복층형	복층 오피스텔
신사동 ***-**	6.0	11,000	0	6	18	원룸	
북가좌동 ***-**	6.0	14,000	0	6	22	분리형	주차 5만 원 별도
구산동 *-**	6.0	14,000	0	5	18	분리형	
갈현동 ***-**	6.0	14,000	0	7	20	원룸	
응암동 ***-**	6.1	20,000	0	4	20	1.5룸	주차 가능
벨템포 2호 라인	7.0	18,000	0	6	22	분리형	17,000~2,000 가능
상암동 ****	7.3	17,000	0	10		원룸	오피스텔
성산동 ***-**	7.5	17,850	0	40	19	1.5룸	
벨템포 1호 라인	7.7	20,000	0	6	22	분리형	
응암동 **-**	11.9	25,000	0	3	17	투룸	
북가좌동 ***-**	13.0	28,500	0	5	19	투룸	
증산동 ***-**	14.7	30,000	0	0	20	쓰리룸	
응암동 ***-**	14.9	29,800	0	0	17	쓰리룸	
갈현동 ***-**	15.4	29,800	0	3	17	쓰리룸	
응암동 ***-**	16.0	42,000	0	4	22	복층형	복층 오피스텔
벨템포 401호	16.1	30,000	0	6	22	투룸	
응암동 ***-**	17.0	31,500	0	5		투룸	
응암동 ***-**	18.1	33,000	0	5		쓰리룸	
증산동 ***-**	21.0	27,500	0	4	17	쓰리룸	
응암동 ***-**	21.0	27,800	0	4	20	쓰리룸	
벨템포 402호	21.9	33,000	0	6	22	쓰리룸	

주변 월세 시세 조사(예시)   (단위 : 만 원)

주소	전용(평)	보증금	월세	관리비	준공	형태	메모
역촌동 **_**	3.9	1,000	50		21		
대조동 ***_*	4.2	1,000	60	8	20	복층형	주차 4만 원 별도
북가좌동 ***_**	4.4	1,000	60	5	22		
응암동 ***_**	5.0	2,000	80	6			복층 오피스텔
역촌동 **_*	5.1	1,000	65	3	22		
벨템포 3호 라인	5.3	1,000	55	6	22	원룸	65~70 가능
상암동	5.3	1,000	95	10		오픈형	
신사동 **_***	6.0	500	45	6	21		응암역 6분, 반지하
상암동 ****	6.1	1,000	73	7	17	원룸	푸르지오 오피스텔
역촌동 *_**	7.0	1,000	55	5			
벨템포 2호 라인	7.0	1,000	70	6	22	분리형	
벨템포 1호 라인	7.7	1,000	75	6	22	분리형	
상암동 ****	8.5	30,000	80			복층형	15평

출처 : 저자 제공

임대표 만들기

전월세 시세 조사 결과를 토대로 저만의 임대표를 만들어보았습니다. 상가와 2층은 월세로, 나머지는 전세로 내놓기로 했습니다. 대출금을 일부 상환하고 투자금을 회수하기 위해서는 전세가 필요했고, 대출 이자를 내기 위해서는 월세가 필요했기 때문에 두 가지를 적절히 섞어서 넣었습니다.

임대표(예시)   (단위 : 원)

호실	종류	실면적 m²	실면적 평	보증금	월세	관리비	주차비	메모
101호	상가	73.2	22.1	30,000,000	2,000,000 ※부가세 별도	60,000	40,000	– 천장고 2,851m – 화장실 내부에 포함 – 시스템 에어컨 2대 – 주차 1대 가능 – 내부 창고 사용 가능

호실	종류	실면적		보증금	월세	관리비	주차비	메모
		㎡	평					
201호	분리형 원룸	25.5	7.7	10,000,000	750,000	60,000	–	
202호	분리형 원룸	23.3	7	10,000,000	700,000	60,000	–	
203호	원룸	17.4	5.3	170,000,000	–	60,000	–	
301호	분리형 원룸	25.5	7.7	220,000,000	–	60,000	–	
302호	분리형 원룸	23.3	7	10,000,000	700,000	60,000	–	
303호	원룸	17.4	5.3	170,000,000	–	60,000	–	
401호	원룸+다락	53.2	16.1	300,000,000	–	60,000	–	테라스, 시스템 에어컨
402호	방+거실+ 다락	72.4	21.9	330,000,000	–	60,000	40,000	테라스, 시스템 에어컨

특징
– 엘리베이터 있음.
– 원룸에 11평용 에어컨 설치, 4층은 시스템 에어컨 설치
– 전 세대 광폭 강마루, 실크 벽지 시공(데코 타일X, 합지 벽지X)
– 전 세대 고급 가구 시공(무광 PET 재질)
– 전 세대 시스템 창호

주의사항
– 6월 1일 이후 입주 가능
– 수도, 전기, 가스 요금 별도 납부
– 주차는 상가와 402호 각 1대씩 가능
– 가급적 전세 먼저 빼주세요.

※ 건물 통매도 진행하니 전월세 가격 잘 빼주세요.

출처 : 저자 제공

전세가는 전세 대출 한도 금액에 맞추자

원룸 구성 시 중소기업취업청년 전월세보증금대출(최대 1억 원), 청년전용 버팀목전세자금(최대 2억 원), LH 청년전세임대(수도권 최대 1억 2,000만 원) 등 대출 한도에 맞춰 전세나 반전세를 구성하면 임차인을 맞추기가 더 쉽습니다. 저는 방이 큰 편이라 전세가가 2억, 3억 원도 있었는데, 마지막에 남은 공실은 전세로 안 나가서 보증금을 전세 대출 지원 한도에 맞춰 반전세로 바꿨더니 바로 나갔습니다.

공인중개업소 섭외 및 의뢰

임대표도 만들었으니 공인중개업소에 뿌려야 하는데, 저는 성격상 여기저기서 연락이 오면 정신이 없을 것 같아서 일단은 한두 곳만 내놓았습니다. 같은 구의 한 정거장 거리에 있는 직원이 여러 명인 공인중개업소에 연락해서 집을 보여드렸습니다. 저희 건물 바로 옆은 아니지만, 같은 구와 인근 구까지 100개씩 매물을 올리는 공인중개업소였습니다.

앞에 제가 산정한 임대표 가격이 적절한지 잘 판단이 서지 않았기에 우선은 임대표 금액란을 공란으로 해 공인중개업소에 의뢰하고 직접 가격 제안을 부탁했습니다. 제안해주신 임대료는 제가 생각했던 것과 월세는 비슷했고, 전세는 훨씬 저렴했습니다. 조금 고민이 되었지만, 그냥 제가 처음에 생각했던 가격으로 써서 내주십사 부탁했고, 수수료는 두 배를 드리겠다고 했어요. 나중에 알게 된 사실이지만, 수수료를 두 배로 드리면 공동중개를 해도 수수료가 줄어들지를 않으니 공동중개까지 적극적으로 해주시더라고요.

다른 공인중개업소는 벨템포까지 지하철로 쉽게 올 수 있는 상급지에 위치한 곳 중 '네이버부동산', '다방' 어플에 원룸 임대 매물을 많이 내놓은 곳으로 연락했습니다. 추후에 보니 옆동네 공인중개업소보다 오히려 상급지 업체를 통한 계약이 더 많았습니다.

전세를 월세보다 우선으로 놓자

전월세를 놓을 때 한 가지 유의할 점은 전세를 먼저 빼야 좋다는 점입니다. 신축은 통상 대출을 많이 받아 짓기 때문에 근저당이 크게 잡혀 있습니다. 집주인이 대출 이자를 감당 못 하거나 세금 연체 등의 이유로 설사 집이 경매로 넘어간다고 해도 월세입자의 경우에는 보증금이 최우선변제금 이하기 때문에 보증금을 전부 돌려받을 수 있습니다. 2023년 2월 21일 기준 서울시의 최우선변제금은 5,500만 원 이하입니다.

그러나 전세입자의 경우 보증금이 5,500만 원이 넘기 때문에 보증금을 돌려받지 못할 수도 있어 보증금 순위가 뒤로 밀리면 꺼리게 되죠. 따라서 전세입자를 먼저 넣고, 선순위에 신경 쓰지 않아도 되는 월세입자를 나중에 넣는 것이 좋습니다.

그러나 이것이 마음대로 되는 것은 아닙니다. 통상 월세입자가 더 구하기 쉽기 때문입니다. 임대차를 맞추다 보면 전세를 다 맞추고 나서 월세를 맞추는 것은 현실적으로 쉽지 않지만, 그래도 이런 문제가 있다는 것을 알아두고 임차를 맞출 때 신경을 쓰면 좋을 것입니다.

건물 관리를 위한
작업들

사용승인이 완료되고, 보존등기도 나오고, 공인중개업소에 임대까지 맡기면 다 끝난 것 같지만, 끝날 듯 끝나지 않는 게 건물 관리인 것 같습니다. 승강기 보험도 가입하고, 승강기 관리업체도 선정하고, 인터넷도 달아야 하고, 청소업 체도 선정해야 합니다.

승강기가 있다면

건물에 엘리베이터를 설치했다면, 안전관리자를 지정하고 안전관리자교육을 받아야 하며, 승강기사고배상책임보험도 가입해야 합니다. 또한 승강기 관리업 체도 지정해야 합니다.

승강기 안전관리자 지정 및 교육
승강기 안전관리자는 건축주 자신을 지정할 수도 있습니다. 기본 교육만 이수하면 되기에 저를 직접 승강기 안전관리자로 지정했습니다. 승강기 안전관리자 지정은 '승강기민원24(minwon.koelsa.or.kr)' 사이트에서 '안전관리자 선임·해임 신청' 메뉴에서 하면 됩니다. 건물주가 직접 안전관리자를 하는 경우에는 안전교육을 받기 전에도 안전관리자로 지정이 가능합니다. '나의 행정민원 신청현황'에 들어가 보면 '안전관리자 선임 신청 결과 확인서'를 다운로드할 수 있습니다.

승강기 관리 교육 이수

다음으로 승강기 관리교육 이수를 위해 한국승강기안전공단 홈페이지(www.koelsa.or.kr)에서 '승강기교육센터'를 클릭합니다. 저는 일반 건축물이므로 '승강기관리교육(안전관리자)'에서 '교육신청'으로 들어가 '승강기 관리교육(일반건축물)'을 선택해 교육을 이수했습니다.

승강기사고배상책임보험

신축 건물에 엘리베이터가 있다면 승강기사고배상책임보험에 가입해야 합니다. 승강기안전관리법에 따르면 관리 주체의 승강기사고배상책임보험은 꼭 가입해야 하는 강행규정입니다. '설치검사를 받은 날' 가입해야 합니다. 사용승인이 나면 가입하면 되려나 하고 있었는데, 설치검사는 이미 받았기에 바로 가입했습니다. 금액은 어느 보험사나 동일하고 매우 저렴합니다.

승강기 유지보수 업체 선정

승강기 유지보수 업체도 선정해야 합니다. '국가승강기정보센터(elevator.go.kr)'에서 '유지관리업체 조회'를 하면 소재지별 승강기 관리업체를 검색할 수 있습니다. 여기서 근처 업체를 골라도 됩니다. 혹시 급한 일이 발생했을 경우를 생각해서 상가주택에서 멀지 않은 곳의 업체를 선정하는 것이 좋을 것 같습니다. 저는 승강기를 설치했던 업체가 승강기 제조사의 공식 파트너기도 하고 두 달 무료로 혜택을 준다고 해서 그 업체로 선정했습니다.

승강기 유지보수 계약에는 단순유지관리계약(POG : Parts, Oil&Grease)와 종합유지관리계약(FM : Full Maintenance) 두 종류가 있습니다. POG는 월 정기점검과 고장 대응까지만, FM은 고장 시 부품 및 수리비까지 포함된 계약으로, 신축 건물의 경우에는 좀 더 저렴한 POG로 충분하다고 생각해 계약했습니다.

인터넷 설치와 청소업체 선정

인터넷은 준공 즈음이 되면 알아서 제안이 많이 옵니다. 요금과 사은품을 비교해서 유리한 걸로 선택하면 됩니다. 매도계획이 있다면 사은품이 큰 걸로, 오래 가져갈 물건이라면 월 요금을 저렴한 것을 선택하면 됩니다.

청소업체는 동네 공인중개업소를 통해서 몇 군데 연락처를 받아서 견적을 받은 후 선정했습니다. 신축이기에 일주일에 한 번 외관과 복도 청소를 맡겼는데 깨끗하게 유지되고 있습니다.

어플을 활용하면 임대 관리가 편해진다

호실이 여러 개라 관리해야 하는 임차인이 여럿인 경우 월세 납부를 수기로 관리하면 놓치는 부분이 있을 수 있습니다. 이럴 때 어플을 사용해 관리하면 편합니다. 임대 관리 어플로는 '자리톡', '마이집사' 등이 있습니다.

자리톡은 건물별, 호실별로 월세 납부 내역을 볼 수 있고, 월세 내는 날에 맞춰 세입자에게 알림톡이 가도록 설정할 수도 있습니다. 미납 세입자에게 고지서를 따로 보낼 수도 있는데, 고지서가 자리톡 이름으로 가기 때문에 부담스럽지 않습니다. 어플 내에서 전월세 신고도 바로 가능하고, 공실 발생 시에는 근처 공인중개업소로 최대 20곳에 중개 요청을 발송해줍니다.

마이집사는 월간 수납 현황을 한눈에 볼 수 있어 납부, 대기, 연체는 물론 계약 완료 예정인 호실도 알려줍니다. 월세 수납의 경우 핸드폰의 입금 문자를 바로 인식해서 자동으로 납부 완료로 표시해줍니다. 세입자에게 문자 발송도 할수 있고 종합 보고서를 통해 전체적인 수입 지출을 볼 수 있습니다.

마이집사는 좀 더 세세하게 관리하고, 입금 자동 인식 기능을 원하는 경우에 맞고, 자리톡은 심플하게 관리하고, 공실 관리 등 부가 기능을 원하는 경우 맞아 보입니다.

직접 지어 임대해본 후
알게 된 것들

책을 쓰고 있는 지금, 부동산 시장이 안 좋고, '빌라왕 사태'로 빌라와 원룸 전세 시장이 얼어붙었습니다. 저도 그 영향을 받지 않은 것은 아니지만, 다행히 그전에 만실을 채울 수 있었어요.

처음 상가주택을 신축하며, 그것도 직접 살 집이 아니라 임대·매도용으로 집을 지으며 깨달은 사실들이 있습니다. 대부분의 원룸 건물이 왜 똑같이 생겼는지, 방이 작고 예쁘게 안 짓는지 알겠습니다. 최소 비용으로 최대 수익을 내려면 그렇게 될 수밖에 없더라고요. 첫째, 방은 작게 만들수록 잘 나갑니다. 싸고 대출받기도 쉬우니까요. 둘째, 방을 작게 여러 개 만들어야 수익률이 높습니다. 그 안에 직접 살 세입자나, 그 건물을 매수해서 관리할 사람에 대한 배려는 부족한 것이지요.

집이 좋으면 우량 임차인을 받을 수 있다

그럼 다음번에 지을 때는 방을 작게 여러 개 만들 것인가 자문(自問)해보면 그렇지는 않습니다. 조금 다른 수요층이 있다는 생각이 들기 때문입니다. 넓고 예쁜 원룸에 높은 임대료를 내고 들어오는 세입자는 집도 깨끗하게 쓰고 임대인과 트러블을 일으킬 확률이 적습니다.

벨템포의 세입자들은 전부 20~30대의 대학생과 사회 초년생들입니다. 특히 예쁜 집과 인테리어에 관심 있는 분들이 집을 알아봐주시고 선택해주셨어요. 성악과 학생, 도예가 등 예술하는 분들도 있고요. 또 하나의 특징은 대출 받아 들어온 사람이 거의 없었어요. 전세로 들어온 분들은 부모님 돈으로 들어왔고, 반전세인 한 분이 중소기업청년대출로 들어왔어요. 방값이 좀 비싸고 예쁘니 비교

건물 1층에 입주한 카페

출처 : 저자 제공

적 돈이 있는 분들이 들어오는 게 아닌가 추측해봅니다.

상가 임대도 그 동네 구축 상가와 비교하면 꽤 비싼 가격이었는데요. 면적도 크고 임대가도 높으니 임대 문의는 자주 오지 않았고 공실 기간이 좀 되었지만, 결과적으로는 근처에서 매출이 높았던 카페가 우량 임차인으로 들어왔어요. 인테리어까지 예쁘게 해서 들어오니 건물 전체가 밝아지고 가치도 높아졌습니다.

세대수가 많다고 좋은 건 아니다

또한 상대적으로 호실이 많지 않다 보니 임차인 관리가 수월한 장점이 있습니다. 세대수가 많으면 시장 상황이 안 좋을 때는 전세 맞추기가 쉽지 않은데 저는 세대수를 적게 하니 그만큼 공실을 채워야 하는 스트레스를 덜 받았고, 집을 예쁘게 지어 싸지 않은 가격에 내놓으니 오히려 우량 임차인이 들어온다는 생각이 들었습니다.

물론 방을 작게 싸게 지어 월세로 내놓았다면 더 빨리 방이 나갔을 것이고, 상가도 작게 나누어 내놓았다면 더 빨리 임차인이 들어왔을 것 같기는 합니다. 그러나 저는 결과적으로 우량 임차인들을 들인 것 같아서 만족합니다.

투자금 회수만 생각해서는 곤란하다

처음에는 주거 8개 호실 중 전세 5개, 월세 3개 호실로 계획했습니다. 전세금을 받아 공사비 대출도 갚고 제가 투입한 비용도 조금은 회수할 생각이었어요. 그런데 마지막 두 개 호실 정도가 공실 기간이 길어지니 걱정이 되어 반전세와 월세로 일부를 변경했습니다. 그랬더니 금방 나가더라고요.

투자 용도로 주택을 지을 때 '플피(플러스 프리미엄)'를 생각하고 전부 전세로 세팅하는 경우도 있는데 경기가 좋을 때야 가능하겠지만, 그렇지 않을 때는 플피가 안 되는 경우도 많습니다. 안 될 경우도 미리 생각해서 자금 계획을 짜놓아야 함을 느꼈습니다. 벨템포의 수익률을 계산해보면 7.5%가 나옵니다.

보유 수익률 = 연 순수익/실투자금 = (연 임대료 - 연 이자) / (총투자금 – 대출금 – 보증금) × 100 = 7.5%

(단위 : 원)

총투자금	2,161,540,973	
대출금	840,000,000	토지 대출금(건축비 대출은 상환)
보증금	820,000,000	
실투자금	501,540,973	총투자금–대출금–보증금
월 수익	6,085,000	
월 대출 이자	2,940,000	
월 순수익	3,145,000	월 수익–월 대출 이자
연 순수익	37,740,000	(월 수익–월 대출 이자)×12
보유 수익률	7.5%	연 순수익금/실투자금

예상치 못한 경기 상황에 대비해야 한다

나름대로 열심히 준비했지만 그럼에도 생각하지 못했던 리스크가 몇 가지 존재한다는 걸 알았습니다.

첫째, 상가주택 신축은 경기의 영향을 많이 받는 것 같습니다. 신축은 대출을 많이 끼고 진행할 수밖에 없는데 최근 예상치 못하게 이자율이 많이 올라가서 대출 이자를 더 많이 내게 되었습니다. 전세와 월세를 섞었기 때문에 들어오는 월세로 대출 이자를 내고 있지만 부담스러울 수밖에 없습니다. 이런 예상치 못한 상황을 대비해 버틸 수 있는 다른 현금 흐름을 마련해놔야겠다는 생각이 들었습니다.

둘째, 대출 금리 상승으로 세입자도 전세 대출을 받아 이자를 내는 것보다 월세가 유리하다고 생각해 월세를 원하는 사람만 많고, 전세를 원하는 사람이 굉장히 줄었습니다. 따라서 투입 비용 회수가 곤란할 수도 있습니다.

셋째, 신축주택은 대출로 인한 근저당이 많기에 보증보험 가입이 안 되는 경우가 많습니다. 처음에는 주택신축판매업의 경우 보증보험 가입을 하지 않아도 되는 게 장점인 줄 알았는데, 보증보험 가입이 안 된다고 하면 전세입자들이 꺼려서 전세를 놓기 더 힘들어질 수 있습니다.

실전 건축
임대를 하더라도 매도할 때를 고려하자

상가주택을 다 지은 후에 매도할지, 계속 소유할지는 신축을 위한 땅을 매수하기 전부터 생각해야 한다고 말씀드렸죠. 저는 매도할 생각으로 주택신축판매업자를 냈기에 주택과 상가 모두 만실이 되어 슬슬 매도를 생각하고 있습니다. 사실 짓는 도중에 사업을 양도 양수하는 식으로 매매를 하면 매도인도 매수인도 세금이 절약되고 좋은데, 처음 해보는 신축이라 내보일 수 있는 포트폴리오가 없어서 그렇게 하지는 못했습니다.

매도를 염두에 두고 임대를 세팅할 때는 몇 가지 방법이 있는데요. 첫 번째는 전세를 최대한 많이 넣어 매수인이 전세금을 끼고 최소의 투자금으로 매수할 수 있게 하는 것입니다. 매수인의 투자금이 최소화되기에 대출이 힘든 시기에도 더 쉽게 매도를 할 수 있습니다. 매수인은 매수 후에 상황에 맞게 전세를 하나씩 월세로 전환하면 됩니다.

두 번째 방법은 전월세를 적당히 섞어 임대를 세팅하는 방법입니다. 매수인의 투입금도 줄이고 처음부터 월세 수익도 발생하게 됩니다. 추가로 주인집으로 쓰는 큰 호실이 있다면 이 호실은 임대를 넣지 않고 비워두어 매수인이 직접 살 수 있는 옵션을 주는 방법, 호실 두어 개 정도는 임대를 세팅하지 않고 비워두고 매수인의 자금 사정에 맡게 전월세를 택하게 하는 방법이 있습니다.

제 경우 완공 후 갚아야 하는 대출 규모 등을 고려해 절반 정도는 전세로, 절반은 월세로 세팅했습니다. 임대 막바지에는 전세 사기 뉴스가 터져서 전세를 구하는 사람이 없어 전세를 반전세로 돌린 경우도 있습니다. 또한 빠른 매도를 위해서는 주인집을 비워놓는 게 더 좋지만, 가장 큰 전세금을 받아 자금회수를 할 수 있는 호실이고, 그런 호실은 최대한 선순위에 두어야 하기 때문에 초반에 전세를 받았습니다.

주거와 상가까지 모두 만실이 된 후 상가주택 통매매를 위한 매도 작업을 시작했습니다. 상가주택 매도가 산정 시 한 가지 유의할 점이 있습니다. 매도 시 상가 부분에 부가세가 붙고, 주택 부분(85㎡ 초과)에도 부가세가 붙습니다. 즉, 상가를 양도할 경우 상가 건물분 공급가액의 10% 부가가치세가 과세됩니다. 주택을 양도할 경우 85m^2를 초과하면 주택 건물분 부가가치세를 과세하는데, 다중주택은 호별 면적이 아닌 건물 전체 주거 면적을 기준으로 초과 여부를 판단하기 때문에 거의 다 부가가치세 과세라고 보면 됩니다. 부가가치세는 매수인으로부터 징수해 매도인이 납부해야 합니다.

즉, 매수인은 공급가액의 10%를 더해 매도인에게 줘야 합니다. 다만, 상가 건물분 부가가치세는 매수인이 신고해 환급받을 수 있고, 주택 건물분 부가가치세는 매수인이 환급받을 수 없습니다. 그런데 '매도가에서 건물분 10%의 부가세를 추가로 내야 하고 상가 건물분은 환급이 가능하다'고 매수인을 이해시키는 것이 쉽지 않기 때문에 아예 사전에 세무사와 상의해서 부가세를 포함한 가격으로 매도가를 내놓는 것이 좋습니다.

공인중개사에게 전달한 매매 안내문

○○동 ○○○-○○ 상가주택 통매

물건 개요

필지정보
서울시 은평구 ○○동 ○○○-○○

매매가	임대가	
○○억 원 (부가세 포함) ※ 상가동 부가세는 매수자 환급 가능	보증금	○억 원
	월수입	○○○만 원

토지정보

토지면적	45.8평(151.4㎡)
도로너비	동측 6m, 북측 3m
용도지역	제2종일반주거지역
주변역	6호선 ○○역(67.5m)

건물정보

건물 종류	
연면적	88.5평(292.52㎡) ※ 서비스면적 포함시 127평
건축면적	88.4㎡
규모	지상 4층+다락
주차	2대(법정 2대)
위반 건축물	없음
준공일자	
승강기	○

건물 위치
· 6호선 ○○역 직선 67.5m, 도보 145m로 역에서 2분 거리
· ○○역에 서부선, 고양선 착공 예정 호재

지도

특징
· 이탈리아 건축사 계획설계 및 건축주
· 건축 명장 시공사 시공
· 엘레베이터 ○
· 전세대 시스템 창호
· 전세대 광폭 강마루, 실크 벽지(데코타일X, 합지벽지X), 전세대 고급 가구 시공(무광 PET 제질)
· 상가 시스템 에어컨, 원룸에 11평용 에어컨, 4층은 천장 시스템 에어컨 설치
· 수도, 전기, 가스 요금은 세입자 별도 납부

임대차 내역
*현재 만실, 1층 카페 입자 완료

보증금 ○억, 월수익 ○○○만 원

층	호실	실연적	평	보증금	월세	관리비	주차	계	만기 날짜
1층 (상가)	101	73.18	22.1						
2층 (주거)	201	25.50	7.7						
	202	23.28	7.0						
	203	17.42	5.3						
3층 (주거)	301	25.50	7.7						
	302	23.28	7.0						
	303	17.42	5.3						
4층 (주거)	401	53.20 (다락포함)	16.1						
	402	72.43 (다락포함)	21.9						
	계								

건물 사진

에필로그

그래서 지금 행복하냐고요?

신축을 하면서 스트레스를 받는 일은 거의 없었습니다. 건축주는 돈을 주는 사람이니까요. 특히 직장생활처럼 위아래에서 오는 스트레스가 없이 일대일로만 일하면 되는 게 가장 편하더라고요.

보통 시공하면서 스트레스를 많이 받는다는데 저는 시공사를 잘 만나서 그런지 그런 일이 없었습니다. 짓고 나서도 신축 건물이기에 수리할 것도 거의 없고 방도 많지 않아 관리할 것이 적어 품이 들어가는 일이 거의 없습니다. 대출금이 나가고 있지만 그보다 많은 월세가 들어오고 있기에 월세가 들어오는 날마다 설렙니다.

앞으로의 계획은 이렇습니다. 단기 목표는 이 첫 신축을 성공적으로 매도하는 것입니다. 즉 신축의 한 과정을 전부 경험해보는 것이지요. 처음에는 "다시는 신축은 하지 않겠다!"가 되든지 아니면 "이거 할 만한데, 또 하자!"가 되든지 둘 중 하나라고 생각했는데, 지금은 빨리 다시 신축을 하고 싶습니다.

중기 목표는 소규모 건물 신축이라는 분야에서 '한 끗 다른 건물'을 짓는 것을 지속 사업화해 그 동네의 분위기를 바꾸는 데 기여하는 것입니다. 사업의 규모를 키워 다음에는 다세대주택도 지어 분양해보고 싶고, 올근생 건물도 지어

보고 싶습니다.

그리고 장기 목표는 현재 갖고 있는 아주 오래된 다가구주택을 언젠가는 올근생 건물로 신축해서 사옥으로 임대를 주는 것입니다. 이것이 장기 목표인 이유는 준공공임대사업자를 내놔서 앞으로 몇 년 동안은 신축을 할 수 없기 때문입니다. 핵심지에 있어 절대 팔 생각이 없는 이 주택을 언젠가는 멋지게 재탄생시키고 싶습니다.

상가주택을 짓고 1년 정도 지나니 짓기 전이나 지으면서 보지 못했던 것들이 많이 보입니다. 신축을 한번 해보면 금방 큰돈을 벌 수 있을 것 같아 짓는 중에도 또 짓고 싶어서 부지를 탐색하고 있고, 짓고 나서도 바로 또 짓고 싶어집니다. 그런데 이때 급하게 결정할 게 아니라 나의 자금 사정이나 경기 상황을 보며 현금을 비축하거나 관망도 할 줄 알아야 한다고 생각합니다. 신축 사업은 대출을 필연적으로 많이 끼고, 또 단기간에 쉽게 팔 수 있는 물건도 아니라서 너무 영끌을 하면 경기가 안 좋아지거나 대출 금리 상승 시 버티기 힘들어질 수 있기 때문입니다. 따라서 항상 최악의 경우, 대체 현금 흐름을 염두에 두고 시작하시길 바랍니다.

또한 제가 처음 상가주택을 신축할 때는 온통 관심사가 그쪽이라 '상가주택'만 보였고 '신축'만 보였습니다. 그런데 짓고 보니 단기에 매도하기에는 주택보다 올근생이 나은 측면이 있고, 투입금의 최소화 측면에서는 리모델링도 괜찮을 것 같다는 생각이 듭니다. 제가 봤던 토지 중에 그때는 아예 옵션으로 생각하지 못했지만 지금 복기해보면 상가주택보다는 올근생으로 지었어도 괜찮았겠다는 곳도 있었습니다. 만약 직접 거주할 용도가 아니라 투자 측면에서만 접근하는 거라면 상가주택 신축뿐만 아니라 근생 건물 신축, 리모델링 등 더 넓은 선택지 중에서 자신의 상황과 해당 토지에 맞는 투자 방법을 생각해보면 좋을 것 같습니다.

　마지막으로 관련 강사나 유튜브는 지식을 얻는 데 참고는 하되, 전부 다 믿고 전적으로 맡기는 것은 조심하길 바랍니다. 관련 업종에 있는 사람들은 좋은 점에 대해서만 말하지 리스크에 대해서는 말하지 않기 때문입니다. 또한 어떤 사건이 벌어졌을 때 컨설팅은 받을 수 있지만 결국 내 책임이기 때문에 꼭 스스로 내용을 알고 판단하는 힘을 기르길 바랍니다.

공무원 때려치우고 상가주택 건축주가 되었습니다

제1판 1쇄 2024년 4월 20일

지은이   소니도로(김유성)
펴낸이   한성주
펴낸곳   ㈜두드림미디어
책임편집 우민정
디자인   얼앤똘비악(earl_tolbiac@naver.com)

㈜두드림미디어
등록   2015년 3월 25일(제2022-000009호)
주소   서울시 강서구 공항대로 219, 620호, 621호
전화   02)333-3577
팩스   02)6455-3477
이메일   dodreamedia@naver.com(원고 투고 및 출판 관련 문의)
카페   https://cafe.naver.com/dodreamedia

ISBN   979-11-93210-68-0 (03320)